시길로 전자책 만들기

시길로 전자책 만들기

초판 인쇄	2022년 10월 24일
초판 발행	2022년 10월 28일

지은이	이한나
발행인	고윤성 Director, University Knowledge Press
편집장	신선호 Executive Knowledge Contents Creator
도서편집	장혜정 Contents Creator
	노재은 Contents Creator
디자인	최선아 Designer
	김대욱 Designer
인사행정	이근영 Managing Creator
재무관리	김문규 Managing Creator
	정예찬 Managing Creator
전자책·사전	변다은 Contents Creator
캐릭터	정정은 Contents Creator
발행처	한국외국어대학교 지식출판콘텐츠원
	02450 서울특별시 동대문구 이문로 107
	전화 02)2173-2493~7
	FAX 02)2173-3363
	홈페이지 http://press.hufs.ac.kr
	전자우편 press@hufs.ac.kr
	출판등록 제6-6호(1969. 4. 30)
인쇄·제본	(주)케이랩 053)583-6885

ISBN 979-11-5901-913-5 13000   정가: 19,000원

＊잘못된 책은 교환하여 드립니다.

HU지식 은 한국외국어대학교출판부의 어학도서, 사회과학도서, 지역학 도서 Sub Brand이
다. 한국외대의 영문명인 HUFS, 현명한 국제전문가 양성(International+Intelligent)의
의미를 담고 있으며, 휴인(携引)의 뜻인 '이끌다, 끌고 나가다'라는 의미처럼 출판계를 이끄
는 리더로서, 혁신의 이미지를 담고 있다.

 이 책의 예제 파일은 한국외국어대학교 지식출판콘텐츠원 홈페이지(press.hufs.ac.kr)
게시판-자료실에서 다운받아 사용하시기 바랍니다.

시길로 전자책 만들기

이한나 지음 _____

HU:iNE

문화부바탕체 한글 음절 11,172자를 보여주고자 하는 졸업작품을 만들기 위해 음절 한 개, 한 개를 1,000dpi로 스캔하고, 이렇게 만들어진 11,172개 이미지를 각각의 코딩 파일에 연결했던, 2~3개의 스캐너가 고장 나고 그 당시 이 용량을 감당하지 못해(그 당시에는 플로피 디스크의 대용량을 대체하는 ZIP 파일 혹은 DVD가 다였다) 고생했던 그때가 새록새록 생각이 납니다.

20여 년이 지난 후에도 유사한 고민을 하고 있을 줄 몰랐습니다. 현대사회는 문화를 해석하는 방법으로 디지털이라는 것을 제외하고는 이야기할 수 없습니다. 네트워크의 발달, 디지털은 미디어 생태계에 많은 변화를 가져왔습니다. '만물의 디지털화'는 '낡은' 모든 매체(어떤 식으로든 콘텐츠를 전달하는 모든 것)를 대체하겠다고 위협하는 한편, 이동이 편리하며, 검색이 가능하고 편집과 공유를 할 수 있는 새로운 가치를 만들어 냈습니다. 또한 매스미디어의 근대적 공중의 개념에 가까운 '독자'의 개념에도 많은 변화를 가지고 왔습니다. 일방적인 수용자적 태도의 '독자'가 아닌 적극적 참여가 가능한 '이용자'를 만들어 냈습니다. 이 책을 구매하고 이 첫 장을 보고 계실 여러분도 나만의 콘텐츠를 적극적인 자세로 직접 만드는 '참여 이용자'일 것입니다.

이 책은 크게는 스마트 환경과 콘텐츠, 전자책의 이해, HTML의 기초부터 Sigil을 통한 ePub2, ePub3의 도출 과정에 도움을 주고자 했습니다. HTML5, CSS3, JavaScrip 등을 통해 다양한 매체 중 APP, WEB, ePub을 이해하는 데 도움이 되고, 안내서로서의 기능을 충실히 하길 바랍니다.

콘텐츠를 어떤 매체에 담아야 더 재미있고 유익할지를 늘 고민하고 있습니다. "콘텐츠는 그 담는 그릇에 따라 모양이 달라진다."가 저희 회사 사명이기도 합니다. 콘텐츠를 "디지털"이라는 기술을 활용해 조물조물 요리할 수 있는 사람으로 성장시켜주신 (전)한국출판문화산업진흥원장 이기성 교수님, 늘 응원의 목소리로 제게 힘이 되어주시는 한국외대 이종오 교수님, 이 책이 나오기까지 도와주신 한국외대 지식출판콘텐츠원 신선호 편집장님과 장혜정 편집자님, 그리고 이 원고를 쓸 때 저희 어시스트를 충실히 해주었던 정유진 학생에게도 감사 인사드립니다.

2022년 10월
이한나 드림

차례

1

스마트 환경과 콘텐츠

1. 미디어 진화과정

"미디어의 발달은 인간 '감각기관의 확장'이며, 이를 통해 인간 본질이 변화된다."라고 마샬 맥루완(M.McLuhan)이 이야기했듯 인터넷과 네트워크의 발달은 인간을 초(超)연결 사회로 만들었다.

인간에게 미디어의 역사는 곧 커뮤니케이션의 역사이다. 구어 커뮤니케이션에서 시작된 미디어가 문자, 문자에서 인쇄 미디어, 인쇄 미디어에서 라디오로 이행, 라디오에서 TV(흑백·칼라)로, TV에서 컴퓨터와 양방향 디지털 미디어로 근본적으로 패러다임이 변화를 경험하고 있다.

말하자면 문자로 각인된 커뮤니케이션 문화에서 영상 커뮤니케이션 문화로 변화를 경험하고 있는 것이다. 이런 미디어의 이행 과정은 사회적·문화적으로 서로 영향을 주고받는 것은 물론이거니와 모든 미디어는 각각의 그 필요성에 대한 하나의 반응이자

Newspaper　　　Radio　　　TV　　　Computer　　　Smartphone

그림 1-1. 커뮤니케이션 진화과정

그림 1-2. 옥타브 우잔느와 알베르 로비다가 쓴 《책의 종말》 삽화 중 하나, 1895

동시에 또 다른 발전을 위한 자극이 되기도 한다. 결국 미디어의 이용과 사회적 구조, 사회 문화 간에는 밀접한 관계가 있음을 누구도 부정하기가 어렵다.

변화하는 미디어 환경의 독특한 미래 모습을 옥타브 우잔느와 알베르 로비다의 삽화집 《책의 종말(La Fin des liver)》에서 상세하게 보여주고 있다(그림 1-2). 본래 이 책은 1894년 프랑스에서 《에서광 이야기(Contes pour les bibliophiles)》[1] 총서로 출간되었다. 우잔느는 '정적인' 인쇄물 대신 오늘날의 '주문형(on demand)'과 같은 플랫폼을 사용해 모든 콘텐츠가 (실시간으로 그리고 녹음된) 음성을 통해 전달되리라고 미래의 출판을 묘사했다. 마찬가지로 1910년 프랑스 작가 빌레마르는 2000년 파리의 미래 모습을 보여주는 엽서 시리즈[2]를 만들었다(그림 1-3).

이 시리즈는 오디오가 종이를 대체하는 개념을 훨씬 명쾌하게 보여주고 있다. 오늘날의 오디오북을 예견한 것처럼. 이 엽서에는 실린더 유성기에 녹음된, 자신이 좋아하는 신문을 축음기로 듣는 한편, 개인적인 서신 교환을 위해 동일한 매체를 사용하는 사람들이 등장한다. 학생들은 정체 모를 기계와 연결된 천장의 헤드폰을 통해 강의를 듣는데, 선생님이 기계에 책을 넣으면 책의 콘텐츠가 변환되어 나오는 모습이다. 우잔느와 빌레마르가 상상했던 목소리의 잠재성은 그 당시에는 라디오의 탄생으로 실현된 것으로 보인다.

라디오 시대 이후 차세대 매체는 영상 스트리밍을 지원하는 텔레비전이었다. 텔레

---

1   Uzanne,O. and Robida, A(1895) 'La fin des liver' in *Contes pour les bibliophiles*, Ancienne Maison Quantin; http://www.gutenberg.org/ebooks/2820/

2   Villemard 1910 - En L'An 2000'; https://www.flickr.com/photos/amphalon/3368393146/in/photostream/

그림 1-3. 빌레마르의 〈1910년에서 2000년으로〉 엽서 시리즈 중 하나, 1910

비전의 탄생은 20세기 후반까지 모든 매체를 통틀어 가장 널리 확산된 지배적인 매체로 남아있다. 매스 미디어[3]와 이들의 역할은 종이가 할 수 없는 즉시성·동시성·다발성 등 속도와 범위를 확산시켰다.

인쇄 미디어인 종이가 보편적 매체였을 시대엔 텍스트가 출판물(신문, 단행본, 교과서, 잡지)[4]을 통해 콘텐츠가 불특정 다수에게 일방적으로 전달되었다. 하지만 인터넷 네트워크의 발달은 생산자와 소비자가 뒤엉킨 새로운 쌍방향 문화를 만들어냈다. 디지털 기술은 생산자와 소비자가 모여 상호 작용할 수 있는 공간(플랫폼)[5]을 만들어 서로를 위한 가치 창출을 하는 문화를 만들었다. 이는 플랫폼의 범위, 속도, 편의성, 효율성 등

---

3   대중 매체(大衆媒體)/대중전달매체(大衆傳達媒體) 또는 매스 미디어(mass media)는 조직화되지 않은 일반 대중을 상대로 하여 대량의 정보 및 시사내용, 당대의 이슈 등을 전달하는 역할을 담당하는 매체를 말한다.

4   출판이란 문자 위주의 커뮤니케이션으로서, 문자정보 위주의 저작물 매체를 제작하고 유통시키는 일체 행위를 말한다. 이에 도출된 결과물을 출판물이라고 한다.

5   플랫폼이란, 생산자와 소비자가 모여 상호작용할 수 있는 공간을 만들어 서로를 위한 가치를 창출하게 하는 것이 기본 개념이다. 오늘날 네트워크의 발달로 비즈니스 변화에 따른 다양한 플랫폼기업이 있다. 커뮤니케이션으로는 페이스북, 인스타그램, 스냅챗, 위챗 여행으로는 에어비앤비, 트립어드바이저 소매업으로는 아마존, 알리바바, 월그린 미디어로는 유튜브, 허핑턴코리아, 위키피디아 등이 있다.

을 확대시켰다. 새로운 기술의 발전은 접근에 대한 진입 장벽을 낮추고 이로써 개인 창작자들에게 힘이 이동되기 시작했다.

미디어의 진화과정을 연구한 피들러(Fidler, 1999)는 새로운 미디어가 스스로 만들어지는 것이 아니라고 이야기한다. 피들러는 매체 변화의 여섯 가지 원칙을 제시하고 있다. 그 첫째는 공동 진화와 공존(co-evolution and coexistence)이다. 모든 미디어의 형태는 계속 확장되고 있고 서로 공존하고 공동 진화한다는 것이다. 둘째는 변형(meta morphosis)이다. 새로운 미디어가 독자적으로 탄생하는 것이 아닌 기존의 미디어가 점진적으로 변형되어 발전하여 변화하는 과정 가운데 생긴다는 것이다. 셋째는 유전(propagation)이다. 기존 미디어에서 독특한 것을 물려받아 새로운 미디어 형태로 진화한다는 것이다. 넷째는 생존(survivor)이다. 결국 새로운 미디어는 사람들의 사회적 문화 가운데 살아남아 지속되어야만 그 역할을 할 수 있다는 것이다. 다섯째는 기회와 필요(opportunity and need)이다. 새로운 미디어가 지속되고 확산되기 위해서는 사회적, 경제적, 문화적 동기가 있어야 한다. 또한 발전의 기회도 제공되어야 한다. 여섯째는 확산의 지연(delayed adoption)이다. 새로운 미디어가 성공하기 위해서는 생각보다 많은 시간이 걸린다. 기술은 너무 빠르게 변화하는 반면 우리의 생활 습관·문화는 한두 세대가 지나서야 우리의 삶 가운데 자리 잡기 때문이다. 우리가 마주하고 있는 미디어 패러다임은 '변화'를 넘어서 '개혁'을 겪고 있는 것이다.

2. 참여문화

2007년 애플사(Apple)에서 발표된 아이폰(iPhone)이 본격적으로 우리나라에 들어온 것

그림 1-4. 피들러 매체변화의 6가지 원칙

은 2009년 11월 KT통신사를 통해서이다. 이는 기술적·문화적으로 많은 변화를 가져왔다. 우선 아이폰은 다른 스마트폰에 달려 있던 고정된 플라스틱 쿼티 키보드를 없애고 최초로 멀티터치 스크린을 도입했다. 그 뒤로 거의 모든 스마트폰은 이 전례를 따르게 된다. 혁신적 스크린은 두 손가락으로 벌려서 줌 – 인하는(pinch to zoom) 테크놀로지를 대중화시켰고 손가락으로 멀티미디어와 어플리케이션을 사용하게 했다.[6] 손바닥만한 기기로 소통의 패러다임을 변화시켰다. 누구나 주머니 속에 컴퓨터를 넣고 다니게 된 것이다. 이 스마트한 전화기는 전화기의 주된 목적을 통화보다는 인터넷 브라우징과 소셜 네트워크로 전환시켰으며 뉴스를 접하는 것이 이제는 텔레비전이나 라디오가 아닌 이 작은 기계로 충분한 환경을 만들어주었다. 더 놀라운 사실은 뉴스 기사를 직접보는 것이 아니라 소셜 미디어를 통해 본다는 사실이다.[7]

또한 뉴스가 될 만한 것은 직접 동영상을 찍고 사진을 찍어 퍼트릴 수 있게 됐고 이제는 자연재해나 테러 등 사람들이 올린 정보를 통해 뉴스 기사보다 먼저 접할 수 있게 됐다. 이처럼 기술의 발달과 인터넷의 등장이 생산 양식을 바꾸어 놓았고 콘텐츠 창출뿐 아니라 소비문화에도 변화를 주고 있다. 인터넷은 문화 생산자들에게 강력한 유통 채널을 제공하고 있다. 처음에는 컴퓨터가 콘텐츠와의 상호 작용을 위한 새로운 기회의 장을 제공했지만, 인터넷을 통한 월드와이드웹은 이용자 참여의 장으로 부각됨에 따라 예측하지 못한 형태로 미디어 콘텐츠와 관계되는 양상이 나타난다. 인터넷은 이러한 문화 활동을 주무대로 격상시키는 역할을 했다. 그리고 디지털을 기반으로 출판·방송·영화·음악·애니메이션·게임 등 문화 콘텐츠 사업에도 많은 변화를 주고 있다. 출판물의 내용(줄거리, 스토리, 콘텐츠)이 디지털화됨에 따라 이질적인 문화 콘텐츠 장르 간 컨버전스가 진행되고 있다.[8]

종이책만 출판하던 전통 출판 방식에서 전자 매체를 출력 매체로 사용하는 전자

6   Hayley Miller, "아이폰 출시 10년: 아이폰은 이렇게 세상을 바꿨다", 〈HUFFPOST〉, 2017. 1. 10, 〈https://www.huffingtonpost.kr/2017/01/10/story_n_14073968.html〉, (접속일: 2018. 7. 20).

7   JEFFREY GOTTFRIED ·ELISA SHEARER, "News Use Across Social Media Platforms 2016", 2016. 5. 26., 〈http://www.journalism.org/2016/05/26/news-use-across-socialmedia-platforms-2016/?utm_content=bufferae870&utm_medium=social&utm_source=twitter.com&utm_campaign=buffer〉, (접속일: 2018. 5. 25).

8   이기성, 『IT와 한국 출판산업의 변화와 발전』, 출판논총VOL4, 2014, p.127.

출판 방식이 출현했다. 1980년대만 하더라도 전자책이라고 하면 디스크북(DISK Book, CD-ROM Book)을 칭했지만, 1990년에는 네트워크 인터넷망으로 보는 스크린북(Screen Book)으로 발전했다. 하지만 2000년대에 들어와서는 전용 단말기를 통해 볼 수 있는 출판 형식으로 바뀌었다. 이렇게 출판 방식의 이동은 계몽주의 사상에 입각한 편집자들이 그들 앞에 놓인 수천 종의 원고들과 필자들 중에서 몇 권의 책과 저자를 선별하면서 문화를 만들어냈다면, 지금은 문화콘텐츠가 조금은 더 쉽게 대중들에게 친숙하게 다가갈 수 있는 환경을 만들어 놓았다. 또한 누구에게나 창작 활동의 길이 열렸다. 자비출판(自費出版)을 통해서 혹은 플랫폼을 통해 내 작품을 게시할 수 있는 환경이 열린 것이다. 2000년대 초반부터 웹소설 서비스를 시작해 국내에 많은 양판소[9] 혹은 라이트노벨 작가들의 등용문이 된 조아라는 2016년에는 국내 웹소설 브랜드 평판 조사 결과 1위를 할 정도로 현재까지도 활발히 서비스되고 있다. 특히 다른 웹소설 사이트가 공모전 등을 통해 엄선된 작가들의 소설을 위주로 연재하는 것과는 달리 누구나 사용할 수 있다는 장점을 갖고 있어 현재까지도 꾸준히 일정량 이상의 소설이 올라오고 있다. 하지만 일부에선 웹소설을 출판의 형태로 바라보지 않는 시선들도 많이 있다. 그 첫 번째가 콘텐츠의 질에 대한 의문일 것이다. 콘텐츠의 질에 대한 정확한 기준 설정은 사실상 불가능하지만, 순수 문학 쪽에서 이 웹소설을 '장르 문학'이라 낮춰 부르는 이유도 이것일 것이다.[10]

하지만 누구나에게 열려 있는 참여문화 속에서 많은 창작물이 쏟아져 나오고 매출이 2017년 12월 기준 162억을 올렸다는 사실은 아마도 그 내면에는 많은 것을 내포하고 있다는 걸 보여주고 있다. 이처럼 다양한 플랫폼에서 누구나 참여하는 문화가 만들어지고 시장이 형성됐다.

'만물의 디지털화'는 '낡은' 모든 매체(어떤 식으로든 콘텐츠를 전달하는 모든 것)를 대체하겠다고 위협하는 한편, 이동이 편리하며, 검색이 가능하고 편집과 공유를 할 수 있는 새로운 가치를 만들어냈다. 새로운 기술적, 산업적 요구에 따라 진화하고 변화하고 있을 뿐이다. 우리가 보고, 듣고, 읽는 것에 인터넷이 미치는 영향은 아주 크다. 가장 먼

---

9   양산형 판타지 소설의 약어. 실제로 쓰는 문학 용어를 사용하자면 Speculative pulp fiction에 좀 더 가깝다.
10   이승환, 「웹출판의 발전과 과제」, 『한국출판학연구』, 43(2), p.119.

저 영향을 받은 분야는 처음에는 음악이었고 그 다음에는 신문, 그리고 책과 영화, 텔레비전, 교육으로 옮겨갔으며 지금은 승용차와 택시, 호텔과 항공사, 은행 등 인터넷이 미치지 않은 곳은 없다. 음악, 신문, 책, 텔레비전, 영화, 광고, 교육은 세계에서 벌어지는 디지털 변환의 중심에 서있다.

기술적 근간을 이룰 수 있었던 네트워크, 인터넷의 발달로 동일한 콘텐츠가 다양한 채널로 유통되고, 또 수용되는 시점에 다양한 형태를 가질 수 있도록 만들었다. 이러한 컨버전스[11] 현상 가운데 이용자의 참여는 중요한 요소라는 것을 알 수 있다. 네트워크 미디어·인터넷의 발달로 이용자들의 상호 작용 그리고 시·공간성에서는 어떤 변화가 일어나고 있는지, 미디어가 한 사회에서 어떤 문화적 함의를 갖는지도 중요한 부분이다. 헨리 젠킨스[12]는 대중이 단지 미디어를 받아들이는 사람일 뿐이라는 가정에서 시작한다. 따라서 오늘날 디지털문화에 힘입어 개개인들이 스스로 미디어 내용을 선택하고(selecting), 창작하고(creating), 새롭게 만들고(remaking), 비판하고(critiquing), 배포하는 일(circulating)에 능동적으로 참여하고 있는 상황을 고려한다면 기존의 질문들에 대해 새로운 복합성과 깊이가 더해져야 한다고 주장한다. 즉 미디어 이용자의 능동적이고

---

11 원래 라틴어의 'conventus'에서 유래한 단어로서 '가까이 다가감', '접근', '모임', '일치' 등의 의미를 내포하는 용어이다. '컨버전스'의 사전적 의미는 기존 지식과 기술을 활용하여 새로운 가치와 제품을 창조하는 것을 의미한다. convergence(융복합)의 어원 구조는 con(=together)+verg(=ver=turn or com)+ence(=suffix)로서, 한곳으로 모든 것이 돌아온다는 것이다. 즉, 여러 가지 다른 것들이, 조화롭게 다른 하나의 창조물로 변화하는 집중 현상이나 활동을 의미한다. 컨버전스는 혁신(Innovation)과는 다른 의미를 가진다. 혁신은 풍속, 관습, 조직, 방법 따위를 완전히 바꾸어서 새롭게 하는 것을 의미한다.

12 서던 캘리포니아 대학교(University of Southern California)의 통신, 저널리즘, 시네마틱 예술 및 교육 분야의 교수이다. 그는 MIT에서 '비교 매체 연구 프로그램'의 책임자로서 10년 이상을 재직하기도 했다. 그는 언론과 대중문화에 관심이 많으며 그의 저서로는 『텍스트 밀렵자들: 텔레비전 팬들과 참여 문화 Textual Poachers: Television Fans and Participatory Culture』(1992), 『Hop on pop: 대중문화와 정치의 즐거움 Hop on Pop: The Politics and Pleasures of Popular Culture』(2002), 『바비 인형에서 죽음의 전투까지: 젠더와 컴퓨터 게임 From Barbie to Mortal Kombat: Gender and Computer Games』(1998), 『컨버전스 컬처: 올드 미디어와 뉴 미디어의 충돌 Convergence Culture: WhereOld and New Media Collide』(2006), 『보급형 미디어: 네트 워크로 연결된 문화에서 의미와 가치 창출Spreadable Media: Creating Meaning and Value in a Networked Culture』(2013), 『필요한 모든 매체: 새로운 청소년 운동 By Any Media Necessary: The New Youth Activism』(2016)등이 있다. 헨리 젠킨스는 새로운 미디어 환경에 대한 학생들의 참여를 준비하는데 초점을 맞춘 교육 자료를 개발하고 시험하기 위한 그룹의 노력을 위한 발판이 된 참여문화에서의 학습에 관한 저서를 썼으며, 그는 또한 컨버전스 문화 컨소시엄의 창립자이기도 하다.

주체적 참여를 더 강조하고 있는 것이다. 미디어 문화 관점에서 참여문화(participatory culture)는 소비문화(comsumer culture)에 반대되는 개념으로 현대사회의 미디어 이용자가 단순히 미디어 콘텐츠의 소비자에 머무는 것이 아니고 미디어 콘텐츠 생산과정에도 기여하고 참여하는 이른바 '생산소비자(prosumer)'의 역할에 수행하는 '민속 문화(folk culture)'의 한 형태라 할 수 있다.[13] 헨리 젠킨스는 '민속 문화'에 대해 풀뿌리[14] 수준에서 창의성이 나타나고 비공식적인 교육을 통하여 기술이 전파되며, 물물교환은 호혜적 관계나 선물을 통해 이루어지고, 모든 창작자가 고유된 전통과 이미지를 활용할 수 있는 환경에서 나타나는 문화라고 정의하고 있다. 다시 말하면 그들만의 문화 관계 속에서 그들만의 방식으로 표현하는 아마추어 문화를 말하는 것이다. 이를 토대로 참여문화를 정의하자면, "일반 시민이 디지털 기술에 힘입어 미디어 콘텐츠의 저장, 해석, 전유, 변형, 재유통 과정에 참여하는 문화"다.

우리나라는 네트워크 인터넷 발달이 문화 콘텐츠 산업에 큰 영향을 미치고 있다. 전자책, 오디오북, 앱북 등 새로운 형태의 콘텐츠가 제작되고 유통을 촉진시키고 있다. 매스 미디어와 소셜 미디어로 대변되는 올드 미디어와 뉴 미디어 간의 경쟁이자 협업의 시대로 들어오면서 네트워크는 소비뿐 아니라 생산에도 활용되고 있다. 이용자의 자발적 참여문화를 통해 다양한 문화콘텐츠가 재생산되고 있다. 월드와이드웹의 등장은 다양한 자료들이 활용되고 나아가 만들어진 산물을 손쉽게 유통시킬 수 있게 해준 중요한 문화적 생산의 기반이다. 예를 든다면 하나의 영화가 만들어졌을 때 수많은 패러디물이 만들어지는 경우가 참여문화적 현상인 것이다.[15]

21세기 문화현상은 미디어 콘텐츠를 축적하고 주석을 달며, 전유하고, 재유통시킬 수 있는 신기술을 일반인 모두가 활용할 수 있게 됨에 따라 재출현하고 있는 풀뿌리 창의성으로 설명할 수 있다. 이런 현상은 아마도 복사기나 탁상출판(DTP)에서 이미 시작되었다. 하지만 월드와이드웹 발달과 함께 절정에 달하였다. 일반 대중이 영화를 만들 수 있는 도구를 사용할 수 있게 되었고 모든 집은 자신만의 영화 자료실을 만들 수 있

---

13 이재현, 『디지털 문화』, 커뮤니케이션북스, 2013, p.78.

14 헨리 젠킨스는 19세기 미국 예술은 다양한 이민족과 토착민들의 민속 전통의 결합으로 만들어진 문화적 생산물을 풀뿌리 문화라 말하고 있다.

15 이재현, 『디지털 문화』, 커뮤니케이션북스, 2013, p.82.

게 되었다. 웹은 공유할 수 있는 기반을 만들었고 민속 문화(아마추어 문화)가 다시 활기를 띨 수 있게 되었다. 이런 아마추어가 만든 것은 대부분 형편없게 마련이지만, 문화가 번성하려면 형편없는 것들도 만들 수 있고, 그것에 대한 피드백을 얻고 조금 더 나아질 수 있는 공간이 필요한 것이다. 웹은 참여문화와 상업문화가 공존할 수 있는 타협점을 만들어낸 것이다. 디지털 문화콘텐츠 연구에서 트랜스 미디어 스토리텔링이라는 참여문화가 갖는 의미는 순차적이고 선형적이었던 기존의 콘텐츠 제작 패러다임을 바꾸어 비선형적이고 동시다발적인 환경 가운데 이용자의 입장에서 콘텐츠를 바라보는 이전에는 일방적인 수용과 소극적 참여였다면 이제는 콘텐츠 스토리에 적극적으로 개입할 수 있는 장(場)이 펼쳐졌다는 점에서 그 가치가 입증되는 것이다.

3. 플랫폼 개념과 기능

플랫폼의 확장은 새로운 기술과 융합하여 이용자 참여의 방법으로 다양한 매체로 출구가 확대되었다. 읽기와 쓰기를 다루는 방식은 여전히 치열한 변화를 겪고 있지만 새로운 매체 자체가 아니라 그 안에서 구현된 새로운 개념을 통해서이다. 텍스트의 선형성을 항구적으로 변화시키는 것은 컴퓨터 자체가 아니라, 추상적인 디지털 공간에서 기능적이고 완전히 새로운 텍스트 구조, 즉 하이퍼텍스트를 생성해 내는 소프트웨어의 가능성이다. 예를 든다면, '위키' 플랫폼의 발전은 공동의 저자성과 자료 모음집으로 위한 하이퍼텍스트의 가능성을 극적으로 확장해왔다.

　　디지털과 인터넷 환경에서 디지털 문화콘텐츠 생산과 유통의 기술혁신은 가치 네트워크 플랫폼의 새로운 생태계를 형성하고 있다. 플랫폼은 상호 의존적인 행위자들을 참여시켜 서로 연결된 상호 작용을 통해 가치를 창조하는 방식이다. 서로 다른 행위자 또는 그룹들의 상호 작용을 쉽게 하여 가치를 창조하기 때문에 더 많은 참여자를 통해 가치가 증대하는 네트워크 효과(network effect)가 나타난다.

　　네트워크, 인터넷이라는 새로운 기술의 발전으로 인해 콘텐츠의 판매 채널이 다양해졌다. 도서의 경우는 애플의 아이북스토어(iBook store), 아마존의 킨들 다이렉트 출판(Kindle Direct Publishing)이 있으며, 음반은 밴드캠프(Bandcamp), 플레지뮤직(Pledgemusic), 아마존의 아티스트 센트럴(Artist Central)이 있으며, 동영상으로는 유튜브 파트너

(Partner)가 있다. 이런 디지털 유통으로 인해 많은 창작들이 기존의 채널에 의존하지 않아도 콘텐츠를 소비자에게 쉽게 제공할 수 있으며 콘텐츠의 객체화로 인해 부담 없이 제작을 할 수 있는 환경이 만들어졌다. 창작자의 노력을 지지하고 유통하는 데 있어서 네트워크는 중요한 역할을 하고 있는 것이다. 이제는 창작자가 스스로 제작하고 유통할 수 있는 시대에 도래했다. 콘텐츠는 유통이 없이는 존재할 수 없다. 이런 네트워크를 활용함으로 이용자를 단순한 수동적 이용자가 아닌 제공자이자 또 다른 이용자로 유입시켜야 한다. 이용자들은 이런 연결성에 더 흥미로워할 것이다. 다른 곳에 있는 콘텐츠를 연결할 뿐 아니라, 내가 알고 있는 정보 혹은 지식의 공유하며 서로간의 커뮤니티를 형성하기를 원한다.

이 대표적인 예가 J. K. 롤링(J. K. Rowling)이다. 그녀는 출판사와 협의해 〈해리포터〉의 디지털 판권을 자신이 직접 관리하기를 원했고 롤링은 그것을 해냈다. Pottermore.com을 통해 〈해리포터〉 전자책을 독점 판매했으며, 전자책의 90%를 취급하는 아마존조차도 그녀를 이길 수 없었다. 아마존의 고객이 〈해리포터〉 전자책을 구입하려면 아마존은 Pottermore.com을 방문하도록 안내하고, 아마존은 이에 해당하는 수수료를 받았다. 이를 통해 롤링은 독자들과 바로 소통할 수 있게 되었고, 팬들의 충성도와 참여도를 높일 수 있었다. 독자들을 Pottermore.com에서 18,000 단어 분량의 미출간 버전을 볼 수 있었고, 그녀가 집필을 시작할 때는 없었던 새로운 미디어를 통해 '해리포터'만의 공간이 구축될 수 있었다.[16] 물론 모든 기성 작가가 이렇게 이용자들과 직접 소통할 수 있는 것은 아니지만, 이러한 새로운 변화로 작가와 독자가 서로 소통하며 새로운 참여문화를 만들어가는 새로운 시도가 된 것이다. 네트워크는 콘텐츠 창출뿐 아니라 콘텐츠 소비에도 활용할 수 있다. 요즘에는 크라우드소싱(crowdsourcing), 사용자 생성 콘텐츠(user generated content), 사용자 참여 네트워크(user contribution network) 같은 용어를 쉽게 들을 수 있다.[17]

네트워크 인터넷의 발달과 함께 플랫폼의 확장은 콘텐츠의 전통적인 생산 방식을 바꾸어 놓고 있다. 이용자들이 (트위터와 페이스북) 의견을 생성하고 (유튜브에서) 영상을

---

16 Julie Bosman, "Pottermore: What's Next for Harry Potter?", 〈NYTimes〉, 2011. 6. 22,. 〈https://artsbeat.blogs.nytimes.com/2011/06/22/pottermore-whats-next-for-harry-potter〉, (접속일: 2018. 5. 8)

17 바라트 아난드, 『콘텐츠의 미래』, 김인수 옮김, 리더스북, 2017, p.153.

만들고 (구글에서) 내부 프로젝트를 평가하고 (위키리크스에서는) 비밀을 폭로하며 (킥스터드와 고펀드미에서) 스폰을 조성한다.

해외 출판사는 디지털 전문 임프린트[18]를 조직화하거나 외부 인력 영입에 적극적인 추세이다. 북테크(book tech)[19]를 접목시키기 위해 스타트업과의 협력을 추진하는 사례도 늘고 있다. 아마존, 넷플렉스 같은 플랫폼 유통회사도 자체 콘텐츠 기획과 제작을 본격적으로 추진하면서 차별화 전략을 취하고 있다. 아마존은 어린이와 청소년 독자를 위한 채팅형 전자책 '래피즈(Rapids)'를 선보였다. 웹소설 전문 플랫폼인 왓패드도 채팅형 앱인 '왓패드 탭(wattpad tap)'을 출시하면서 모바일 사용자에게 최적화된 전자책을 판매하고 있다.[20]

이처럼 해외 플랫폼 시장에서는 이미 이용자와 이용자가 상호 작용을 하면서 가치를 창출할 수 있게 도와주고 있다. 네트워크 기술을 이용해 사람과 조직, 자원을 인터렉티브한 생태계에 연결하여 엄청난 가치를 창출하고 교환할 수 있게 해준다. 다른 종류의 이용자들 – 일부 생산자와 일부 소비자, 그리고 때에 따라 생산자와 소비자 역할이 동시에 수행하는 사람들 – 이 서로 만나고 상호 작용을 일으키면서 플랫폼이 제공하는 자원을 사용하는 것이다. 이런 과정을 통해 가치 있는 무언가를 교환하기도 하며 소비하기도 하고 때로는 만들어내기도 한다.

국내에서도 페이스북, 카카오톡, 인스타그램 등 각종 소셜네트워크와 큐레이션 서비스가 확장되면서 마케팅에 적용하는 사례가 늘고 있다. 전자책 유통사들은 소셜 네트워크 공식 계정을 활발하게 운영하며 이용자와의 접점을 강화시키고 있다. 전자책

---

18 대형 출판사가 종목 확장과 매출 증대를 위해 유능한 편집자를 스카우트하여 별도의 브랜드를 내주고 편집, 기획, 제작, 홍보 등 일체의 운영을 맡기는 방식. 자본을 대는 한 출판사 아래 여러 개의 독자적 브랜드를 두는 '사내 분사'의 한 방식이다. 출판사는 유능한 편집자의 전문성과 창의성을 확보할 수 있고, 편집자는 자본의 영세함에 구애받지 않고 자기 능력을 발휘할 수 있다. 단기적 수익성을 극대화하는 자본 집중형 방식으로, 보통 2년마다 재계약을 하며, 매년 성과에 따라 인센티브를 받는다. 매출 대비 순이익이 높을수록 인센티브도 높아진다. 계열사나 자회사와 달리 수익성이 없으면 가차 없이 해당 브랜드는 사라질 수밖에 없다. 단, 일부 출판사는 임프린트의 성과를 평가해 계열사(사업자등록과 지분 확보)의 길을 열어주기도 한다.

19 Book 과 Tech의 합성어로 소셜네트워크서비스(SNS) 기반으로 카드뉴스와 영상을 마케팅 방법으로 사용하는 것을 말한다.

20 류영호, 「전자책 시장의 주요 흐름과 출판 생태계 방향」, 출판문화 10월호, 2017

시장의 성장이 콘텐츠 산업의 미래를 담보할 수는 없지만 지속적인 도전이 필요한 시기이다. 종이책과 전자책, 매체 간의 간격이 허물어져 가고 있다. 기본적으로 모든 디지털 문화콘텐츠 플랫폼은 계속 발전 중에 있다. 제작 기술과 뷰어 기능 개선 등은 플랫폼의 생존과 직결되기 때문이다. 디지털 문화콘텐츠는 이용자의 소비 행태 및 활동에 관한 데이터 분석이 편리하다. 콘텐츠의 지식 문화적 가치가 네트워크 디지털 환경 속에서 빛을 낼 수 있도록 매체 외연의 확장이 필요한 시기이다.

2

전자책의 이해

1. 전자책이란?

매스 미디어 시대만 하더라도 출판(Publishing)은 단행본, 잡지, 교과서 등으로 콘텐츠를 담아 출판물을 펴내고 복제하고 배포하는 행위를 말했다. 1455년 납합금 활자를 사용하는 구텐베르크를 통해 등장한 출판산업은 지식 보급을 활성화시켜 산업혁명을 촉진했다. 산업혁명은 다시 정보혁명을 거쳐 '제4차 산업혁명'[1]이라는 지식혁명까지 예고하고 있다. 인터넷과 디지털 기술의 발달로 매체별 영역이 모호해진 가운데 다수의 미디어를 통해 콘텐츠를 소비하는 문화가 형성되기 시작했다. 문자로 각인된 출판문화에서 영상커뮤니케이션 문화로 변화를 경험하고 있는 것이다. 문화·기술에 따라 변화하

---

1   4차 산업혁명은 IT 및 전자기술 등 디지털 혁명에 기반하여 물리적·디지털적·생물공학 공간의 경계가 희석되는 기술융합의 시대를 의미한다(World Economic Forum, 2016).

며 네트워크 발달과 함께 퍼스널 컴퓨터 보급 및 스마트 미디어의 대량 보급은 참여문화를 통한 쉬운 플랫폼 유입을 야기했고 이제는 다양한 형태를 출판의 영역에 포함시키기 시작했다. 이처럼 출판의 개념은 계속 변화하고 있다.

최초의 전자책은 미국 실리콘밸리에 있는 누보미디어의 로켓e북이 1998년 10월에 발매되고, 미국의 스티븐 킹이 쓴 「총알차 타기(Riding the Bullet)」가 2003년 3월 14일 화면책으로 출판되자 미국뿐 아니라 전 세계 출판계에 화제가 됐지만 전자책을 읽어내는 전용 단말기가 너무 무거울 뿐 아니라 가격이 너무 높게 책정되어 상업적 성공은 이루지 못했다.[2]

전자책(e-book)이란 컴퓨터와 휴대용 단말기에서 보는 책의 개념으로 통신 및 전자 매체를 통한 콘텐츠 습득이 가능하며, 이동성·휴대성이 좋으며 수많은 책이 하나의 단말기에 적재할 수 있다는 장점이 있다. 광의의 전자책이란 디지털 형태의 읽을 수 있는 모든 디지털 포맷들(JPG, PDF, HWP 등) 모두 전자책이라고 부른다. 좀 더 세부적으로 진정한 의미의 협의의 전자책은 인터넷 표준 언어인 HTML(Hyper Markup Language)와 XHTML(Extensible Hypertext Markup Language)을 응용한 디지털화된 출판의 형태를 말한다.

국내 유통사에서는 대부분 ePub을 기본 포맷으로 전자책을 유통한다. 이미지 파일을 기본 포맷으로 사용하는 카카오페이지도 ePub을 지원한다. ePub(electronic publication)은 국제 디지털 출판 포럼(IDPF, International Digital Publishing Forum)에서 제정한 개방형 자유 전자서적 표준이다. 보통 epub, 또는 ePub으로 표기하곤 한다. HTML과 CSS의 일부분을 차용한 오픈된 파일 포맷 표준으로, 기본적으로 인터넷 연결이 끊어진 상태에서 디지털 단말기 혹은 노트북 등에서 전자책 열람이 자유롭도록 제정된 전자책 포맷이다. HTML의 일부분이므로 HTML 문서와 같이 다운로드 받는 중간에도 열람이 가능하며, 특히 다양한 크기와 해상도의 화면에 맞춰 내용물의 표시를 조정하는 Reflow[3] 기능이 중점적인 특징이다. 기본적으로는 HTML로 이뤄진 문

---

2   이기성·조도현, 『콘텐츠와 e-book 출판』, 해냄, 2010, p.12.

3   해상도에 따라 레이아웃을 바꾼다. 리플로우 방식은 폰트크기 변경을 지원하며 폰트 크기를 바꿈에 따라 전체 레이아웃이 밀려나고 당겨지며 모양이 바뀐다. 기기의 해상도에 따라서도 전체 레이아웃이 변경 된다. 마치 동적 웹페이지와 유사하다. 리플로우 문서는 텍스트를 가장 우선시 하는 문서이며 스피치기능

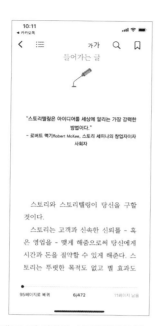

그림 2-1. 「팩트보다 강력한 스토리텔링의 힘, 트로이목마」 본문 일부. 동일한 전자책이라도 이렇게 단말기 디스플레이 화면 사이즈에 따라 보여지는 게 다르기에 페이지수도 달라진다.

서가 저장 내용과 폴더 종류, 위치 등을 관리하기 쉽도록 하나의 파일로 합축되어 있는 ZIP파일의 형태이며 확장자는 .ePub이다. ePub포맷은 국내 유통사뿐 아니라 애플, 구글 등 해외 유통사에서도 판매가 가능하고 아마존 포맷(AZW)이나 PDF로도 변환이 가능하다.

(TTS)을 지원한다. ePub 문서와 고전적인 TXT문서가 리플로우 방식에 해당된다고 볼 수 있다.

2. 전자책의 다양한 포맷

1) ePub2 vs ePub3

ePub는 1999년 처음 공개되었으며, 2007년까지 통용되던 '개방형 eBook출판물 규격'을 대체하면서 국제 전자 출판 협회에 의해 ePub2.0으로 표준화되었다. 2010년 ePub2의 마지막 버전인 ePub2.0.1이 발표되면서, 2011년 10월에 HTML5, CSS3 JavaScript 등을 포함하는 최신 규격인 ePub3 버전이 발표되었다. ePub는 지속적인 업그레이드를 거쳐 멀티미디어와 고정형 레이아웃, 글로벌 언어에 대한 기능 등을 갖추게 되었다.

1999년	ePub (OEBPS) 1.0 (XHTML 1.0+CSS 2 채용)
2002년	ePub (OEBPS) 1.2
2007년	ePub (OPF / OPS) 2.0 (DTBook. SVG 채용)
2011년	ePub3 규격 확정
2012년	고정형 레이아웃 (Fixed Layout) 추가

(1) ePub의 구조

- ePub: 텍스트, 이미지, 스타일시트, 글꼴 등을 zip포맷으로 압축한 전자책 파일이다.
- mimetype: .ePub파일이 ePub 포맷의 압축 파일이라는 정보를 담고 있다. ePub에 반드시 1개를 포함해야 한다.
- META-INF: ePub의 기본 설정이 포함된 폴더이다. 반드시 있어야 하는 폴더는 container.xml파일이 들어있다. container.xml은 ePub 뷰어에게 ePub Publication의 위치를 알려주는 파일이다. 이 파일도 인코딩 메뉴에서 'UTF-8(BOM 없음)로 표시'를 선택하여 설정한다.
- OEBPS: 콘텐츠가 들어가는 폴더이다. container.xml파일을 수정하면 폴더 이름을 바꿀 수 있다.
- content.opf: ePub파일 안에 있는 모든 콘텐츠 파일의 목록을 담고 있다. 파일명은 바꿀 수 있지만 반드시 1개가 들어가야 한다.
- toc.ncx: NCX파일은 ePub2에서 사용되는 XML형식의 목차이다. ePub3에서는 Navigation Document라는 HTML파일로 변경되었다.
  (Sigil에서는 자동으로 ePub의 구조를 만들어 ePub 전자책 파일을 생성한다.)

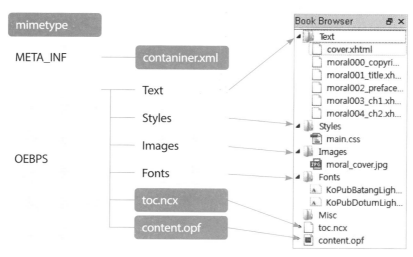

그림 2-2.

구분	ePub2	ePub3
HTML	XHTML1.1 사용	HTML5 사용(하위버전 포함)
CSS	CSS 2.0 사용	CSS 2.1, CSS 3.0 사용(하위버전 포함)
스크립트 등	미지원	지원(스크립트, MathML, 미디어오버레이)
목차	NCX 파일	XHTML 파일
뷰어	네트워크에 연결되지 않는 흑백 디스플레이: 외부링크, 멀티미디어, 색상에 제한이 있다	ePub2이전 버전을 지원하고 광범위한 콘텐츠 유형을 지원할 수 있다.

(2) 〈ePub3〉의 특징

· HTML5로 구성한다.
- ePub2는 XHTML1.1 및 DTBook을 지원한다.
- ePub3에서 HTML5의 XML 버전을 지원함으로써 보다 자세한 의미적 마크 업을 사용할 수 있다.
  (예: <section>, <aside>, <figure> 사용)

· Audio and video구분한다.
- ePub2는 래스터 이미지만 지원한다.
- HTML5 덕분에 ePub3 출판물은 <audio> 또는 <video> 태그를 통해 오디오· 또는 비디오 소스를 넣을 수 있다.

그림 2-3.
『멀티미디어 전자책 꼬리한자, 책공장』 본문 일부. 고정형 레이아웃.

- Navigation을 구성한다.
  - ePub3은 HTML5 <nav> 요소를 기반으로 탐색문서에 대한 새로운 사람이 읽을 수 있는 문법을 정의한다.
  - 더이상 사용되지 않는 ePub2의 .ncx 파일을 대체한다.

- Fixed Layout이다.
  - 고정형 레이아웃
  - 언플로우 방식: 디스플레이 사이즈가 각각 다른 다양한 단말기에서도 동일한 모습으로 구현된다.

- Text-to-speech 기능이 가능하다.
  - 텍스트 음성 변환 전자책의 가능성이 구현되었다.
  - XHTML 컨텐츠 문서의 CSSML 속성, CSS3 음성 모듈 등이 가능하다.

2) PDF

ePub 외에 많이 사용하는 포맷이 PDF 포맷이다. PDF와 ePub의 차이는 PDF의 목적은 인쇄물을 전자 문서와 똑같이 구현하는 것이라 페이지 수와 콘텐츠(텍스트, 이미지)의 위치가 고정된다. 따라서 어떤 단말기에서 보더라도 편집디자이너가 기획한 대로 이미

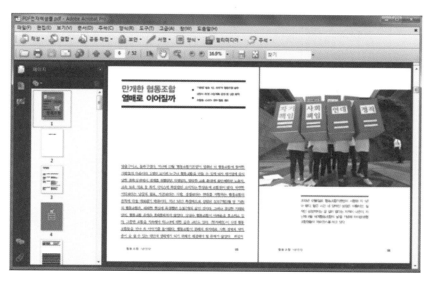

그림 2-4. PDF 뷰어로 본 PDF 파일

지나 텍스트의 위치가 바뀔 위험 없이 구현이 가능하다. 하지만 스마트폰에서는 화면을 확대해야 하거나 스크롤해야 하는 어려움이 있다. 그에 비해 ePub은 단말기 크기와 상관 없이 디스플레이에 맞춰 재구성되는 장점이 있다. 단점으로는 동일한 책이라 하더라도 단말기 디스플레이 사이즈에 따라 총 페이지 구성이 달라져 독자로 하여금 혼동을 주기도 한다.

3) PDF와 ePub의 장·단점

구분	장점	단점
PDF	• 종이책과 동일하다. (편집, 디자인 동일) • 다른 파일로 변환이 가능하다. 　(txt, AZW(mobi)) • 모든 기기에서 뷰어가 기본적으로 제공된다. • 제공하는 프로그램이 많다.	• 화면크기의 제약을 받는다. • ePub이 변환이 어렵다. • 용량이 큰 편이다. • 다양한 형태의 전자책 구현이 힘들다. • 콘텐츠의 편집이 고정되어 있다.
ePub	• 화면 크기에 구애를 받지 않는다. • 글꼴, 줄간격, 여백, 문단 간격 등 보기 설정을 자유롭게 조절할 수 있다. • 인터넷 사용자에게 익숙한 HTML을 기본으로 한다. • 다양한 형태의 전자책 구현이 가능하다.	• OSMU를 고려한다면 활용도는 낮다. • PDF보다 제작이 어렵다. • 동일한 콘텐츠도 뷰어에 따라 다르게 보일 수 있다.

3

HTML과 기본 태그

1. HTML이란?

HTML은 HyperText Markup Language의 약자이다. 웹 페이지는 HTML 문서라고도 불리며, HTML 태그들로 구성된다. 각각의 HTML 태그는 웹 페이지의 디자인이나 기능을 결정하는 데 사용된다.

HTML 태그tag는 태그 이름을 꺾쇠 괄호(<>)로 감싸서 표현한다.

<태그이름>: 시작태그
</태그이름>: 종료태그

HTML 태그는 보통 시작 태그(start tag, opening tag)와 종료 태그(end tag, closing tag)의 한 쌍으로 구성된다. 종료 태그는 시작 태그와 전부 똑같지만, 태그 이름 앞에 슬래시(/)가 존재한다. 태그에 따라 시작 태그만 있고 종료 태그가 없는 태그[1]도 존재한다. HTML 문서는 윈도우 메모장, 리눅스 vi와 같은 기본 에디터로 작성할 수 있다.

---

1   〈img〉〈br〉〈hr〉 등과 같이 종료 태그 없이 시작 태그만을 가지는 태그를 빈 태그(empty tag)라고 한다.

HTML 문서 작성을 끝낸 후에는 확장자를 .html로 저장하면 웹브라우저에서 바로 확인이 가능하다.

```
<!DOCTYPE html>
<html>

 <head>
 <title> 해당 문서의 제목</title>
 </head>

<body>
<h1> 제목1사이즈 </h1>
<p> 본문 </p>
</body>

</html>
```

html 기본 구성

<!DOCTYPE html>: 현재 문서가 HTML5 문서라는 것을 명시한다.

<html>: HTML 문서의 루트(root)요소를 정의한다.

<head>: HTML 문서의 메타데이터(metadata)[2]를 정의한다.

<title>: HTML 문서의 제목을 정의하며 웹브라우저의 툴바에 표시, 웹브라우저의 즐겨찾기 추가 시 즐겨찾기의 제목, 검색 엔진 결과 페이지의 제목으로 표시된다.

<body>: 내용에 해당한다.

<h1>~<h6>: 제목(heading)을 나타낸다.

<p>: 본문의 단락을 나타낸다.

---

2   HTML 문서에 대한 정보로 웹브라우저에 보여지거나 표현되지 않는 정보를 의미한다.

2. 기본 태그

(1) \<p\>\</p\>태그

\<p\>태그의 p는 paragraph, 즉 문단의 약자로, 하나의 문단을 만들 때 쓰인다. 주로 본문을 표현할 때 사용되는 태그이다.

예를 들어, "이 도서는 전자책을 만드는 방법에 대해 이야기합니다."라는 것을 표현한다면 아래와 같이 작성하면 된다.

```
<!DOCTYPE html>
<html>
<body>
<p> 이 도서는 전자책을 만드는 방법에 대해 이야기합니다.</p>
</body>
</html>
```

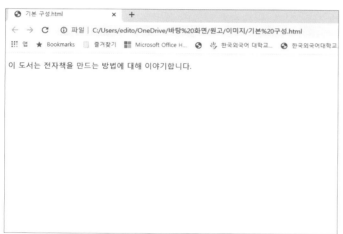

그림 3-1.
크롬에서 보이는 모습

저장할 때 주의해야할 점은 인코딩을 UTF-8로 해야 한다. 그리고 확장자를 .html로 입력하고 저장하면 크롬 브라우저나 파이어 폭스, 인터넷 익스플로러 등에서 확인이 가능하다.

그림 3-2.
저장 예시

폰트 사이즈를 확장하고 싶을 때는 스타일(style)기능을 사용하면 된다.

```
<!DOCTYPE html>
<html>
<body>
<p> 이 도서는 전자책을 만드는 방법에 대해 이야기합니다.</p>
<p style="font-size:5em;">글자 크기가 커졌습니다.</p>
</body>
</html>
```

그림 3-3.
폰트에 스타일(사이즈)을 적용
한 모습

<p>태그 안에 style="font-size:5em;"를 추가했다.

그럼, 글자의 색도 바꿔 보자. 폰트 사이즈 변경과 동일하다.

```
<!DOCTYPE html>
<html>
<body>
<p> 이 도서는 전자책을 만드는 방법에 대해 이야기합니다.</p>
<p style="font-size:5em;">글자 크기가 커졌습니다.</p>
<p style="color: blue;">글자 칼라가 레드로 보입니다.</p>
</body>
</html>
```

그림 3-4.
폰트에 스타일(칼라)을 적용한
모습

(2) <span></span>태그

앞 <p>태그에서 style을 적용함으로 문장 전체(폰트 사이즈, 색)가 바뀌는 것을 확인했다. 전체가 아닌 문장 중간 중간 내가 강조하고 싶은 부분을 폰트 사이즈를 크게 한다거나 색을 바꾸고 싶을 때는 <span>태그를 사용한다.

```
<!DOCTYPE html>
<html>
<body>

<p> 이 도서는 <span style="color: blue;">전자책</span>을 만드는 방법에 대
해 이야기합니다.</p>
```

```
    </body>
    </html>
```

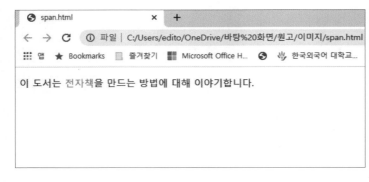

그림 3-5.
span 태그 적용된 모습

"전자책" 앞·뒤로 <span style="color:blue;">태그와 </span>태그를 넣는다.
여타 태그들과 마찬가지로 <span>태그로 시작하면 </span>태그로 닫아줘야 한다.
<span>태그를 이용하면 <p>안에서 <span></span>태그를 적용한 부분만 변경된 것을
확인 가능할 것이다.

(3) <div></div>태그

div태그는 Division의 약자로 레이아웃(전체적인 틀)을 만들 때 주로 사용한다.[3] div태그
를 사용하여 각각의 공간을 배치하고 CSS를 활용하여 스타일을 적용할 수 있다.

    style: 스타일을 지정하는 것

    width: <div>의 가로 크기를 지정

    height: <div>의 세로 크기를 지정

    border: <div>의 테두리 굵기를 지정. 숫자가 클수록 굵기가 굵어짐

    background-color: <div>의 배경색을 지정

---

3   구조- HTML 담당
     표현- CSS 담당
     동작- JAVASCRIPT 담당

float: <div>의 좌·우 정렬을 지정하는 속성, 가운데 정렬은 불가

margin: <div>정렬기준 끝에서부터 여백을 주는 속성(margin-top, margin-bottom, margin-left, margin-right)

div 속성

태그	속성	비고
div	style	스타일
	width	가로 크기
	height	세로 크기
	border	테두리 굵기
	background-color	배경 색상
	float	정렬
	margine	여백

```
<!DOCTYPE html>
<html>
<body>
<div style="background-color: blue;">
<p>div로 배경색을 표현한 모습입니다.</p>
<p>노란색 배경을 적용해 보았습니다.</p>
</div>
</body>
</html>
```

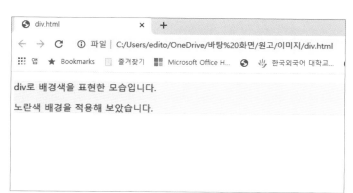

그림 3-6.
div 태그 적용된 모습

(4) <h>태그

<h>태그는 heading의 약자로 페이지에 붙이는 제목을 의미한다. 책에서 목차는 보통 큰 제목, 중간 제목, 작은 제목 등으로 표시된다. <h>태그도 이를 표현하기 위해 <h1>, <h2>, <h3> 등으로 표현한다. h뒤에 붙는 숫자가 클수록 목차에서 하위로 간다. <h>태그는 별도의 줄바꿈 없이 자동 줄바꿈이 된다. 하나의 HTML페이지에서 <h1>태그는 한 번만 사용한다.

(5) <a></a>태그

<a>태그는 하이퍼링크를 걸어주는 태그이다. 원하는 내용으로 바로 연결하거나 인터넷상에서 웹페이지로 이동을 원할 때 사용한다.

태그	속성	비고
a	href	클릭 시 이동할 링크
	target	_self: 현재 페이지(기본값)
		_blank: 새 탭
		_parent: 부모페이지로, iframe 등이 사용된 환경에서 사용한다.
		_top: 최장위 페이지로 iframe 등이 사용된 환경에서 사용한다.
		프레임 이름: 직접 프레임을 명시할 수 있다.

```
<!DOCTYPE html>
<html>
<body>
<p><a href="http://www.naver.com">네이버로</a></p><br>
<p><a href="http://www.google.com" target="_blank">구글로(새창)</a></p>
</body>
</html>
```

시길로 전자책 만들기

(6) <img>태그

이미지 파일을 불러오는 태그가 <img>태그이다.

```
<!DOCTYPE html>
<html>
<body>
<img src="Image/ex1.png"/>
</body>
</html>
```

다른 태그와 달리 <img>태그는 </img>로 마무리하지 않는다.

3. CSS란?

CSS는 Cascading Style Sheet의 약자로 이용자에게 어떻게 보여질까를 기술하는 언어이다. HTML이 콘텐츠(내용)를 표현한다면 CSS는 HTML을 시각적으로 예쁘게 꾸며주는 역할을 한다. 앞서 여러 표현들을 연습하면서 다양한 표현을 위해서는 스타일 기능이 필요하다는 것을 알게 되었다.

CSS는 HTML과 분리하여 관리할 수 있다. 태그마다 Style속성을 주게 되면 소스코드가 지저분하고 복잡해지는데, 분리하여 관리하면 유지보수 및 가독성이 좋아진다. CSS로 HTML문서를 디자인하는 방법은 세 가지가 있다.

그 첫 번째는 외부 스타일 시트(External Style Sheet)이다. CSS라는 확장자를 가진 스타일 시트 파일을 만들고 이 파일을 HTML 문서에 연결하여 사용하는 방법이다.

```
<head>
<link rel="stylesheet" type="text/css" href="style1.css">
</head>
```

작업하기 가장 좋은 방법으로 Sigil에서도 이 형식을 갖추고 있다. 분리된 파일로 관리하며 유지보수의 효율성을 극대화할 수 있다.

두 번째로는 내부 스타일 시트(Internal Style Sheet)이다. 이 방법은 HTML문서 내에서 <head></head>사이에 <style>태그로 지정하는 방법이다.

```
<head>
<style type="text/css">
    Selector{property: value;}
    ex) h1{color: red;}
</style>
</head>
```

세 번째로는 HTML 내에 스타일 지정하기(Inline Style)이다. 세 가지 방법 중 가장 범위가 좁아진 스타일 적용 방식이다.

```
<p stlyle="font-size:15px;">폰트 사이즈는 15픽셀입니다. </p>
```

이 방법은 스타일을 지정하고 싶은 태그에 직접 주입하는 방식이다. CSS의 장점인 내용과 스타일의 분리, 스타일에 대한 일괄 변경이 불가능한 가장 비효율적인 방식이지만 직관적이고 수정이 빠르고 간편한 이유로 간단한 테스트에 사용된다.

시길(Sigil)에서도 사용하는 방식인 외부 스타일 시트를 다시 한번 보자.

```
<!DOCTYPE html>
<link href="../Styles/Style0001.css" type="text/css" rel="stylesheet"/>
<html>
<body>
<p class="txt1">txt1라는 스타일이 적용된 모습</p>
<p class="txt2">txt2라는 스타일이 적용된 모습</p>
</body>
</html>
```

html문서

시길로 전자책 만들기

`<link href="../Styles/Style0001.css" type="text/css" rel="stylesheet"/>`
는 Style0001.css를 연결했다는 것을 말해주고 있다. `<p>`태그에는 이전과 달리 style로 하지 않고 대신 CSS 속성을 입힐 부분에 id 혹은 class로 연결한다. 앞서 style로 연결 했을 때보다 깔끔하게 코드가 정리된 것을 확인할 수 있을 것이다.

```
.txt1 {
color: red;
font-size: 1em;
font-weight: normal;
font-height: 1.6em;
}
.txt2 {
font-size: 3em;
font-weight: bold;
font-height: 1.6em;
}
```

링크한 css 문서

그림 3-7. 시길에서 html 문서와 css를 연결한 모습

".네이밍"(.txt1 혹 .txt2)으로 CSS문서 내에서 직접 이름을 지정함으로 CSS파일을 가독성 있게 컨트롤 할 수 있다.

.txt1으로 지정한 것은 폰트의 색은 빨강으로 사이즈는 1em, 굵기는 보통, 폰트 높

이를 1.6em으로 설정한 것이고 .txt2는 (칼라 지정이 없으면 블랙으로 기본 설정이 들어간다) 폰트 칼라는 기본 검정으로 굵기는 3em, 폰트 굵기는 굵게 높이는 1.6em으로 설정한 것을 확인할 수 있다.

4. HTML 색상

앞서 우리는 색을 지정할 때 색의 이름(ex. 붉은색=red, 검정색=black 등)을 직접 넣었다. HTML과 CSS의 색 지정에서 141 색 이름 (17 표준 색상을 더한 124)을 넣을 수 있다.

aqua	#00FFFF		olive	#808000	
black	#000000		orange	#FFA500	
blue	#0000FF		purple	#800080	
fuchsia	#FF00FF		red	#FF0000	
gray	#808080		silver	#C0C0C0	
green	#008000		teal	#008080	
lime	#00FF00		white	#FFFFFF	
maroon	#800000		yellow	#FFFF00	
navy	#000080				

그림 3-8.
17개 색상표 이름

17개 색 이외의 색을 지정하고자 할 때는 특수기호 #과 3쌍의 두 자리 16진수를 연속하여 사용한다.

색 표기 형식

특수기호	Red 채널	Green 채널	Blue 채널
#	00~FF	00~FF	00~FF

5. 이미지 형식

이미지의 저장 형식은 JEPG, PNG, GIF 등이 사용된다. 표지의 이미지 파일 형식은 다양한 뷰어에서 확대, 축소되는 것을 고려하면 PNG가 좋고, 이전 버전의 뷰어에서의 호환성을 고려한다면 JEPG가 좋다. 파일 용량의 제약 등을 고려하여 각자의 제작환경을 감안하여 이미지 파일 형식을 정하면 된다.

4

Sigil이란?

Sigil(시길)은 ePub 편집 프로그램이다. 누구나 무료로 사용할 수 있다. window, mac, Linux 등 다양한 OS버전을 제공한다. ePub2, ePub3 모두 편집할 수 있다.

1. 다운로드

이번 4부에서는 전자책 출판프로그램의 대표주자 Sigil(시길)을 다운로드 받고, 설치하는 방법을 알아보자. 설치한 후에는 Sigil의 기본적인 설정에 대한 안내를 한다.

　　Sigil은 윈도우, 맥, 리눅스 등 다양한 플랫폼을 모두 지원하기 때문에 본인 컴퓨터 운영체제와 비트(x32, x64)에 맞는 파일을 다운받고 설치하면 된다.

　　그럼 Sigil을 설치해 보자.

　　먼저, 구글이나 네이버 등 검색엔진에 Sigil을 검색 혹은 아래의 주소를 클릭하여 Sigil 공식 홈페이지 혹은 Github에 접속한다.

1) Sigil 공식 홈페이지에서 다운받는 경우(https://sigil-ebook.com/)

그림 4-1.

그림 4-2.

좌측에 있는 다운로드 버튼 클릭하면 최신 버전 Sigil 다운 페이지로 연결된다. 본인 컴퓨터 운영체제에 맞는 버전의 Sigil 설치 파일을 다운하고 실행시켜주면 된다.

그림 4-3.

2) Github에서 다운받는 경우 (https://github.com/Sigil-Ebook/Sigil)

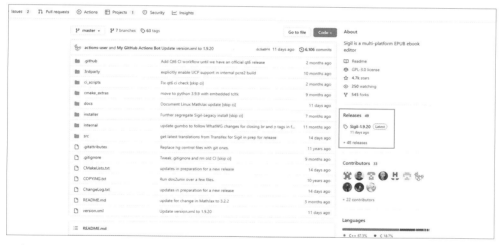

그림 4-4.

Releaes 부분을 클릭하면 Sigil 최신버전 다운로드 페이지로 넘어간다.

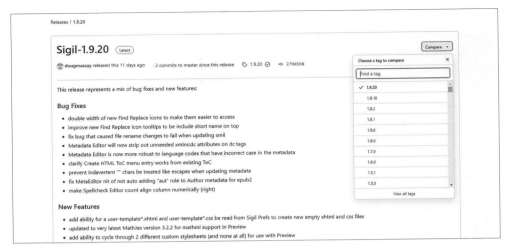

그림 4-5.

구 버전을 다운하고 싶을 경우 Compare 버튼을 클릭하면 이전 버전 Sigil 프로그램을 다운 받을 수 있다.

아래로 스크롤하여 'Assets' 메뉴를 찾은 뒤 메뉴 중에서 내 컴퓨터 환경에 적합한 설치파일을 눌러서 다운로드하면 된다. 윈도우의 경우 본인의 컴퓨터 운영체제 비트에 맞춰 파일을 다운로드한다.

▼ Assets 9	
Sigil-1.9.20-CHECKSUMS.sha256.txt	1.94 KB
Sigil-1.9.20-Windows-Legacy-Setup.exe	70.6 M
Sigil-1.9.20-Windows-Setup.exe	71.9 M
Sigil-1.9.20-Windows-x64-Setup.exe	82.5 M
Sigil-1.9.20.tar.gz.sig	566 By
Sigil-1.9.20.zip.sig	566 By
Sigil.app-1.9.20-Mac.txz	77.2 M
Source code (zip)	
Source code (tar.gz)	

그림 4-6.

❶ 'Sigil-1.8.0-Windows-Setup.exe': Window 운영체제 32bit

❷ 'Sigil-1.8.0-Windows-x64-Setup.exe': Window 운영체제 64bit

❸ Sigil.app-1.8.0-Mac.txz: 맥OS를 사용하는 경우

다운로드가 완료되면 설치파일을 눌러서 연다.

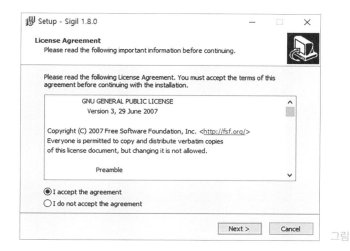

그림 4-7.

위와 같은 창이 뜨면 라인센스를 동의한 후 Next버튼을 눌러 넘어간다.

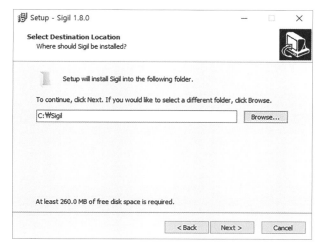

그림 4-8.

다음으로, Sigil을 설치할 위치를 정한다. 기본 설정은 C 드라이브이며 본인이 원하는 위치에 설치해도 무방하다. 파일을 설치할 위치를 정한 뒤 Next 버튼을 눌러 다음으로 넘어간다.

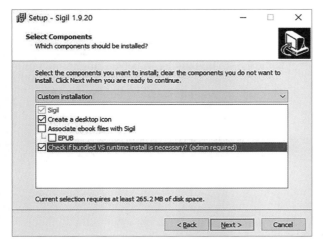

그림 4-9.

이후 몇 가지 체크할 항목이 온다. 본인에게 필요한 항목에 체크한 뒤 다음으로 넘어간다.

❶ Create a desktop icon: 데스크톱에 바로가기 만들기
❷ Associate ebook files with Sigil: ebook파일을 Sigil로 실행

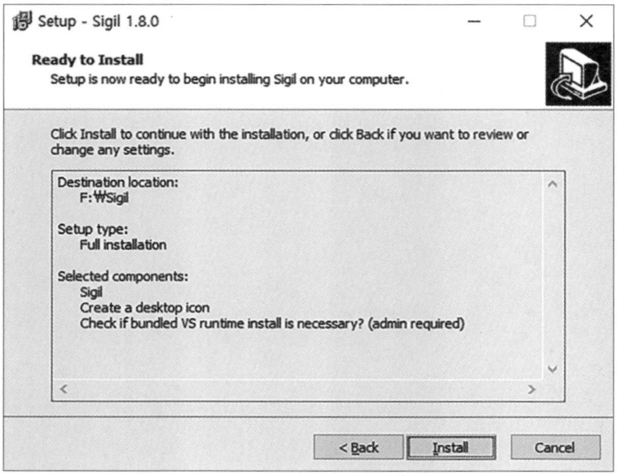

그림 4-10.

시길로 전자책 만들기

이후 본인이 설정한 Sigil 설치 설정을 확인한 후, Install(설치) 버튼을 눌러 설치를 시작한다.

그림 4-11.

설치가 완료된 후 Finish 버튼을 누르면 배경화면에서 Sigil 아이콘이 생겨있는 것을 볼 수 있다.

이제 Sigil 설치는 모두 끝났다. 아이콘을 더블클릭하여 프로그램을 실행한다.

2. Sigil 기본 설정

다음으로는 Sigil의 기본설정에 대한 설명을 하자. Sigil을 실행하면 아래와 같은 화면을 볼 수 있다.

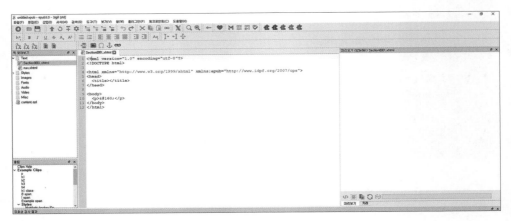

그림 4-12.

Edit ▶ Preferences (편집 ▶ 설정) 혹은 단축키 F5를 누르면 기본 설정 창을 열 수 있다.

그림 4-13.

시길로 전자책 만들기

1) Sigil 기본 설정 (모양)

Sigil 내부 요소의 글꼴이나 색상, 아이콘의 모양 등 시각적인 요소를 변경할 수 있는 페이지

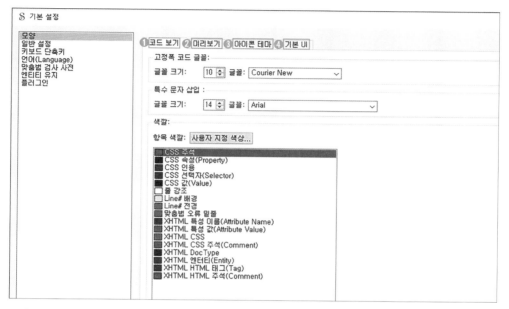

그림 4-14.

❶ 코드보기: html이나 css와 같은 코드 작성 화면의 글꼴, 색상 등을 설정할 수 있다.

❷ 미리보기: 미리보기 화면의 글꼴을 정할 수 있으며 다크 모드를 설정할 수 있다.

❸ 아이콘 테마: 시길 페이지 상단의 아이콘 모양을 설정할 수 있다.

❹ 기본 UI: 아이콘 크기 조절, UI 글꼴 설정, 드래그 및 감도 조절을 할 수 있다.

2) Sigil 기본 설정 (일반 설정)

ePub 파일의 형식이나 외부 편집기, 보안 수준 등을 선택할 수 있는 페이지

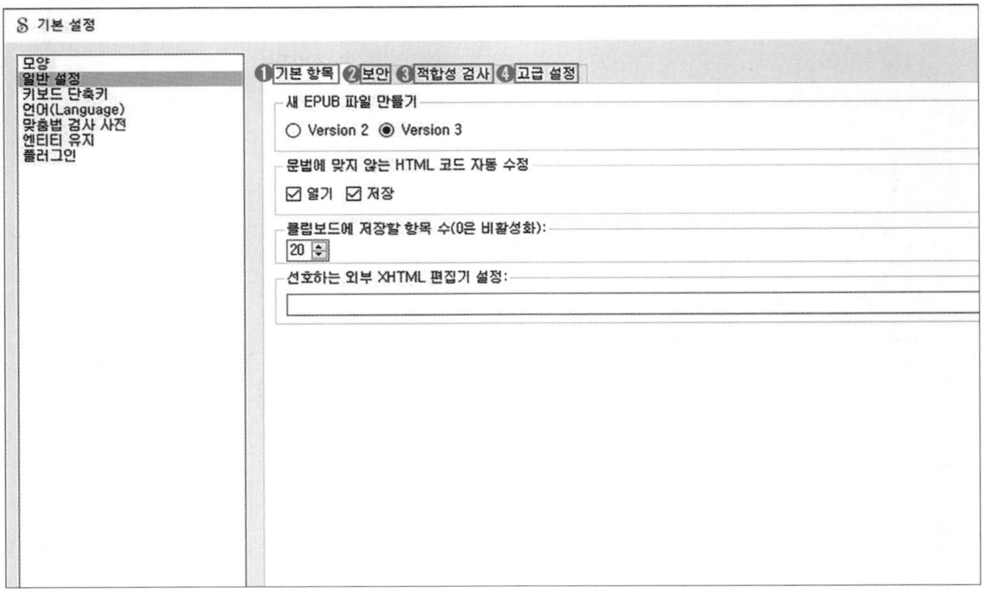

그림 4-15.

❶ 기본 항목: 작업하는 ePub 파일의 버전 설정, 선호 외부 편집기 지정 등을 할 수 있다. ePub2파일로 제작을 원할 경우, Version2를 선택/ePub3파일로 제작을 원할 경우, Version3을 선택

❷ 보안: 멀티미디어 유형이 아닌 외부 자원이나 자바스크립트의 사용을 설정할 수 있다.

❸ 아이콘 테마: 버전별 ePub 스타일 시트의 유효성 검사 레벨을 설정할 수 있다.

❹ 고급 설정

3) Sigil 기본 설정 (키보드 단축키)

Sigil에서 사용 가능한 키보드 단축키와 그 기능을 확인할 수 있으며 개인의 취향에 따라 새로운 단축키를 할당할 수도 있다.

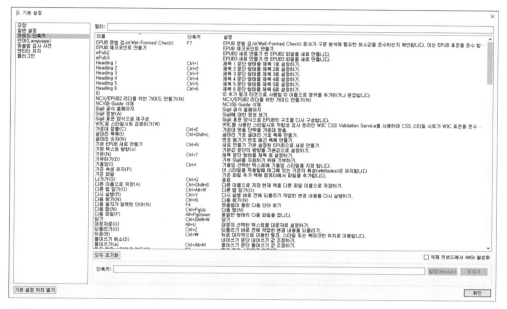

그림 4-16.

새롭게 단축키를 지정, 할당하고 싶은 경우 원하는 기능을 마우스로 클릭한 뒤 아래 빈 칸에 원하는 단축키를 입력한 후 할당(Assign)버튼을 누르면 된다.

4) Sigil 기본 설정 (일반 설정)

Sigil 인터페이스와 메타데이터용 언어를 설정할 수 있다. 해외 출판 계획이 있는 경우 메타데이터용 기본 언어는 영어로 설정하는 편이 좋다.

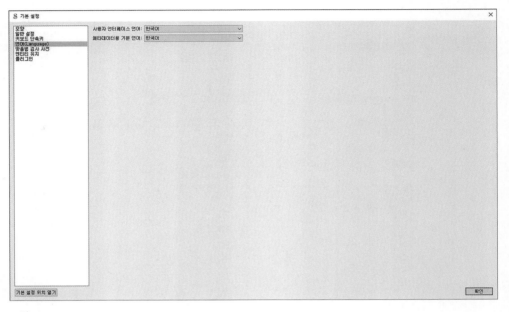

그림 4-17.

시길로 전자책 만들기

5) Sigil 기본 설정 (맞춤법 검사 사전)

맞춤법 검사 용 사전을 선택 및 등록 할 수 있는 페이지이다. Sigil 내부에 자체적으로 저장되어있는 언어 사전은 영어, 독일어, 스페인어, 불어이며 원하는 언어의 사전을 다운 받아 Sigil에 등록할 수도 있다.

그림 4-18.

・한국어 사전 적용 및 사용 방법

1. 인터넷에 Sigil 한국어 사전을 검색하고 다운 받거나 아래의 Github 페이지에 접속하여 Sigil 한국어 사전을 다운 받는다. (https://github.com/spellcheck-ko)

2. 다운 받은 사전 파일의 압축을 풀고 ko.aff, ko.dic 파일이 모두 있는지 확인한다.

3. 사전 파일을 Sigil 기본 설정 폴더 아래에 [hunspell_dictionaries] 폴더로 ko.aff, ko.dic 파일을 복사 혹은 이동시킨다.

ko.aff	2019-08-28 오후 3:07	AFF 파일	10,835KB
ko.dic	2019-08-28 오후 3:07	텍스트 문서	2,796KB

4. Sigil에서 맞춤법 언어 사전을 설정한다.

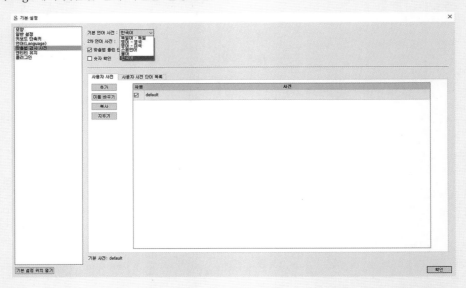

틀린 단어에 강조 표현을 넣고 싶으면, 맞춤법 틀린 단어 강조 항목을 체크해주면 된다.

5. 이제 Sigil [코드 보기] 창에서 본문을 확인하면 다음과 같이 맞춤법이 틀린 단어에 강조 표현이 들어가 있는 것을 볼 수 있다.

```
<body>

    <p>보조메뉴는 텍스트, 메뉴, 탭, 레이블 등을 선택 후 마우스 오른쪽 버튼을 눌렀을 때
나타나는 메뉴다. 선택한 요소에 따라 해당 요소에 사용할 수 있는 메뉴가 나타난다.</p>

</body>
</html>
```

6. 맞춤법 사전을 이용한 교정

```
<body>
    <p>보조메뉴
</body>
</html>
```

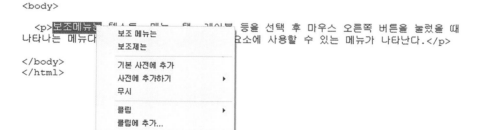

빨간 밑줄이 그어진 단어에서 마우스 오른쪽 버튼을 누르면 제일 위쪽에 추천 단어가
표시된다. 추천단어를 선택하면 자동으로 단어가 교체된다.

7. 맞춤법 검사기를 사용하는 법 [도구〉맞춤법 검사〉맞춤법 검사(Alt+Q)]

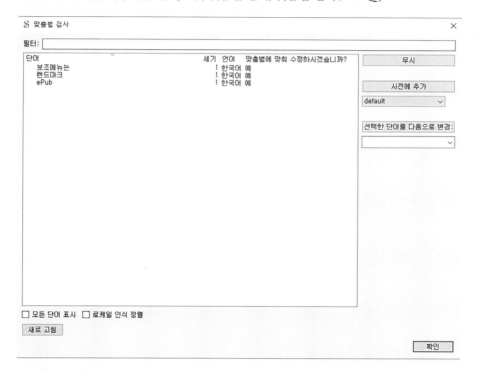

맞춤법 검사를 실행하면 HWP의 맞춤법 검사기 같은 창이 뜨고 아래에 맞춤법이 틀린 단어가 표시된다. 만약 모든 단어를 보고 싶은 경우 아래 쪽 모든 단어 표시 항목을 체크하면 된다.

틀린 단어를 선택하면 맞춤법 사전에서 고른 추천 단어를 보여준다. 제안된 단어 중 수정할 단어를 선택한 다음 [선택한 단어를 다음으로 변경]을 누르면 본문 내용이 수정된다.

6) Sigil 기본 설정 (엔티티 유지)

새 xhtml 파일을 열었을 때 기본으로 적혀 있는 내용을 설정하는 페이지이다. 모든 페이지에 공통으로 적용할 xhtml 코드 내용이 있다면 사용해봐도 좋을 것이다.

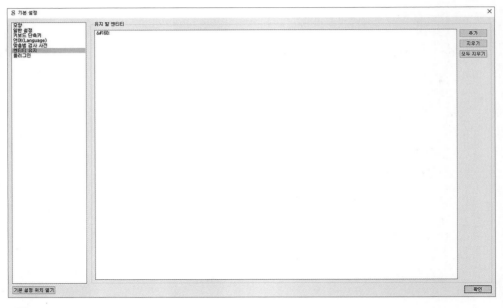

그림 4-19.

7) Sigil 기본 설정 (플러그인)

Sigil 작업을 도와줄 수 있는 다양한 플러그인을 추가 및 관리할 수 있는 페이지이다. Sigil용 플러그인은 인터넷 상에 오픈 소스로 풀려있는 경우가 많으니 원하는 기능을 찾아 추가하면 작업의 편의성 향상에 도움이 될 것이다.

시길로 전자책 만들기

그림 4-20.

3. 메뉴 및 용어 설명

Sigil의 기본 화면은 아래와 같이 구성되어 있다.

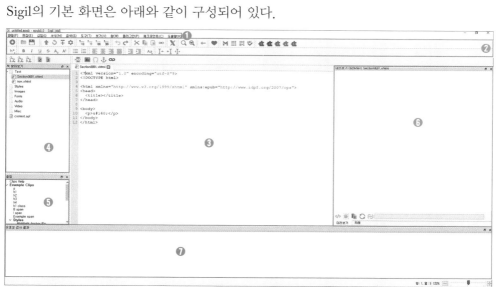

그림 4-21.

❶ 메인메뉴

❷ 도구상자

❸ 편집 창: 내용을 편집하는 곳. 미리보기/ 코드보기 가능

❹ 책구성 창: 책 구성에 필요한 파일 목록 표시

❺ 클립 창: 다양한 코드를 등록해 편집시 사용 가능

❻ 목차/ 미리보기 창:책의 목차 및 미리보기가 가능

❼ 적합성 검사 창: 적합성 검사를 하면 나타나는 창. 편집 작업 시 닫을 수 있음

1) 메인 메뉴

화면 상단에 있는 메뉴는 Sigil의 모든 기능을 포함하고 있다. 편집에 필요한 기능이 어떤 메뉴 아래에 포함되어 있는지 확인해 두면 Sigil을 보다 잘 활용할 수 있다.

(1) 파일 메뉴

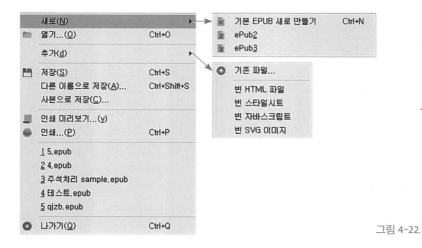

그림 4-22.

• 새로(N): 새로운 ePub 파일 편집

 - 기본 ePub 새로 만들기: 기존 설정과 동일한 새로운 ePub 파일 생성

 - ePub2: 새로운 ePub2 파일 생성

 - ePub3: 새로운 ePub3 파일 생성

• 열기...: 저장되어 있는 ePub 파일 열기

- 추가(D): 편집중인 ePub파일에 새로운 요소 추가
  - 기존파일: 저장되어 있는 HTML, 이미지 파일 등을 추가
  - 빈 HTML: 비어있는 새로운 HTML 파일을 추가
  - 빈 스타일시트: 빈 CSS 스타일시트 파일 추가 - 빈 SVG 이미지: SVG 이미지 파일을 추가

- 저장(S): 작업 중인 파일을 저장
- 다른 이름으로 저장(A)...: 작업 중인 파일을 새로운 이름으로 저장
- 사본으로 저장하기(C)...: 작업 중인 파일의 복사본 저장

- 인쇄 미리보기...: 현재 작업 중인 챕터를 인쇄 화면으로 미리보기
- 인쇄...: 현재 작업 중인 챕터를 인쇄

- 나가기(Q): Sigil을 종료

(2) 편집 메뉴

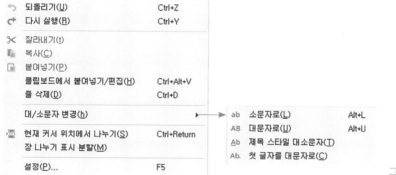

그림 4-23.

- 되돌리기(U): 바로 전에 추가, 삭제, 교체했던 텍스트를 원래대로 되돌리기
- 다시 실행(R): 되돌리기 했던 내용을 되돌리기 전으로 다시실행

- 잘라내기(t): 선택한 내용을 삭제하고 클립보드에 저장
- 복사(c): 선택한 내용을 복사
- 붙여넣기(P): 마지막으로 잘라내기 혹은 복사한 내용을 붙여넣기
- 클립보드에서 붙여넣기/편집(H): 클립보드 기록에서 선택해 붙여넣기
- 줄 삭제(D): 코드 뷰에서 현재 커서가 있는 줄을 삭제

• 대/소문자 변경(H): 영문만 지원함

 - 소문자로(L): 선택한 내용의 소문자를 대문자로 변경

 - 대문자로(U): 선택한 내용의 대문자를 소문자로 변경

 - 제목 스타일 대소문자(T): 선택한 문장에 있는 각각의 단어 첫 글자를 대문자로 변경

 - 첫 글자를 대문자로(C): 선택한 문장의 첫 번째 글자를 대문자로 변경

• 현재 커서 위치에서 나누기(S): 커서가 있는 위치에서 파일을 2개로 나눔

• 장 나누기 표시 분할 (M): Split Marker를 표시한 위치를 각각의 파일로 나눔

• 설정(P): Sigil 설정을 변경할 수 있는 환경설정 창을 열음

(3) 삽입 메뉴

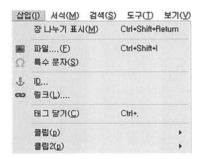

그림 4-24.

• 장 나누기 표시: 장을 나누기 위해 파일로 나눌 위치 표시

• 파일: 이미지, 오디오, 비디오 파일을 추가

• 특수 문자: 특수문자를 입력할 수 있는 목록 표시

• ID: 링크에 사용할 수 있는 앵커(Anchor) ID 삽입

• Link: 내부 혹은 외부 링크 추가

• 태그 닫기: 코드보기에서 현재 작업중인 태그의 닫는 태그를 자동으로 입력

• 클립: Clip의 목록을 보여주고 목록을 선택해서 Clip을 입력

(4) 서식 메뉴

그림 4-25.

- 제목스타일: H1~H6까지 제목 태그 적용

- 진하게: <b> 태그 적용하여 진한 글꼴로 표시
- 기울임: <i> 태그 적용하여 기울임 글꼴로 표시
- 밑줄: <u> 태그 적용하여 밑줄
- 취소선: <del> 태그 적용하여 취소선 표시
- 아래첨자: <sub>태그 적용하여 아래첨자 표시
- 윗첨자: <sup> 태그 적용하여 윗첨자 표시

- 왼쪽정렬: 문단 태그에 style="text-align: left;" 스타일 적용
- 가운데정렬: 문단 태그에 style="text-align: center;" 스타일 적용
- 오른쪽정렬: 문단 태그에 style="text-align: right;" 스타일 적용
- 양쪽맞춤: 문단 태그에 style="text-align: justify;" 스타일 적용

- 글머리 목록: <ul> 태그로 글머리 기호 목록 작성(책보기 편집 화면에서 적용 가능함)
- 번호매기기 목록: <ol> 태그로 글머리 숫자 목록 작성(책보기 편집 화면에서 적용 가능함)

- 들여쓰기 취소: Increase Indent (들여쓰기) 스타일이 적용되었을 경우 스타일 해제
- 들여쓰기: <blockquote style="margin: 0 0 0 40px; border: none; padding: 0px;"> 스타일 적용하여 40px 만큼 단락 들여쓰기

- 텍스트 방향 좌에서 우로: style="direction: ltr; "한글, 영문처럼 왼쪽에서 오른쪽 방향으로 글자 쓰기
- 텍스트 방향 우에서 좌로: style="direction: rtl; " 스타일 적용하여 아랍어처럼 오른쪽에서 왼쪽 방향으로 글자 쓰기
- 기본 텍스트 방향: style="direction: inherit; " 스타일 적용하여 텍스트 방향을 부모 스타일을 따름

- 서식제거: 커서가 있는 단락에 적용된 서식 태그 제거(<b><i> 등의 서식 태그가 사용되었을 경우에만 적용 가능)
- 태그 쌍 제거: 커서가 있는 코드에 적용된 태그 쌍 제거

(5) 검색 메뉴

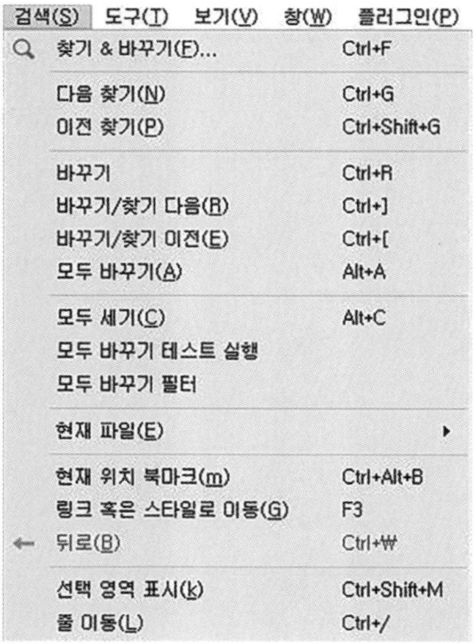

그림 4-26.

- 찾기 & 바꾸기: 찾기/바꾸기 창을 열어줌

- 다음 찾기: 현재 위치 다음에 있는 찾고자 하는 글자(기호)를 찾아줌
- 이전 찾기: 현재 위치 이전에 있는 찾고자 하는 글자(기호)를 찾아줌

- 바꾸기: 현재 찾은 글자(기호)를 바꿈
- 바꾸기 / 찾기 다음: 현재 찾은 글자(기호)를 바꾸고 다음 위치에 있는 글자(기호)로 이동
- 바꾸기 / 찾기 이전: 현재 찾은 글자(기호)를 바꾸고 이전 위치에 있는 글자(기호)로 이동
- 모두 바꾸기: 찾고자 하는 글자(기호)와 일치하는 모든 내용을 바꾸고자 하는 내용으로 변경

- 모두 세기: 찾고자 하는 글자(기호)가 몇 개인지 세어줌

- 현재파일: 현재 파일에서만 찾기, 찾아 바꾸기 등 수행

- 현재 위치 북마크: 현재 위치에 북마크를 함
- 링크 혹은 스타일로 이동: 선택된 링크나 현재 단락에 있는 CSS 스타일로 이동
- 뒤로: 북마크가 있는 위치로 이동

- 선택 영역 표시: 코드뷰에서 선택한 텍스트를 회색으로 표시
- 줄 이동: 지정한 줄로 이동

(6) 도구 메뉴

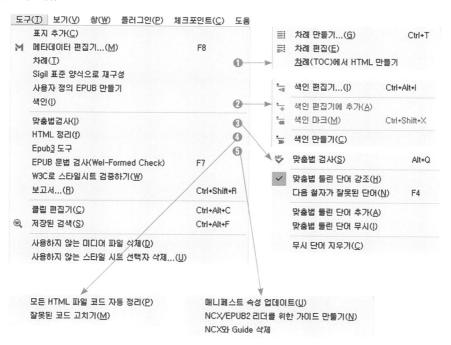

그림 4-27.

- 표지 추가: 선택한 이미지로 커버 페이지(cover.xhtml) 파일 생성
- 메타데이터 편집기
- 목차(❶)
  - 목차 만들기: 헤더 테그(H1~H6)가 사용된 곳을 자동으로 분석해서 TOC(목차)를 생성함
  - 목차 편집: 목차 내용을 편집
  - HTML 목차 만들기: HTML 파일 형식의 목차 생성
- Sigil 표준 양식으로 재구성
- 사용자 정의 ePub 만들기
- 색인(❷)
  - 색인 편집기: 색인 편집 목록을 만들고 싶은 단어와 연계된 단어 목록을 만들 수 있음
  - 색인 편집기에 추가: 색인 편집 목록에 선택한 단어를 추가함
  - 색인 마크: 선택한 파일을 색인 파일에 추가하기 위해 표시함
  - 색인 만들기: 색인 편집 목록과 Mark For Index 표시가 된 항목을 자동으로 찾아 색인 파일 (Index.xhtml)을 생성함

- 맞춤법 검사: 지정된 사전을 참고하여 맞춤법 검사(❸)
  - 맞춤법 검사: 맞춤법 검사 실시
  - 맞춤법 틀린 단어 강조: 맞춤법 틀린 단어에 빨간 밑줄 강조 표현 적용
  - 다음 철자가 잘못된 단어: 맞춤법 틀린 다음 단어로 이동
  - 맞춤법 틀린 단어 추가: 맞춤법 검사에 틀린 단어 추가
  - 맞춤법 틀린 단어 무시: 맞춤법 검사에서 무시할 맞춤법 틀린 단어 설정
  - 무시 단어 지우기: 무시 단어로 설정한 내역 삭제

- HTML 정리(❹)
  - 모든 HTML 파일 코드 자동 정리: 모든 HTML 파일 코드를 자동으로 정리
  - 잘못된 코드 고치기: 잘못된 코드를 자동으로 수정

- ePub3 도구(❺)
  - 매니페스트 속성 업데이트
  - NCX/ePub2 리더를 위한 가이드 만들기
  - NCX와 Guide 삭제

- ePub 문법 검사: ePub에 오류가 있는지, ePub 표준에 벗어난 항목은 없는지 검사

- W3C로 스타일시트 검사: W3C의 스타일 시트 검사 페이지(웹페이지)로 편집중인 ePub 파일의 CSS 내용을 전송하여 검사
- 보고서: 편집중인 ePub을 분석하여 파일의 종류별(이미지, 폰트, HTML 등) 크기, 위치, 사용된 태그 등을 분석하여 보고서로 보여줌

- 클립 편집기: 자주 사용하는 태그나 스타일을 Clip으로 저장해 놓고 편집할 때 사용할 수 있음
- 저장된 검색: 자주 사용하는 '찾기' 항목을 등록해 사용할 수 있음

- 사용하지 않는 미디어 파일 삭제: 본문에서 사용하지 않은 이미지, 오디오, 비디오파일을 찾아 삭제함
- 사용하지 않는 스타일시트 선택자 삭제하기: 본문에서 사용하지 않은 스타일 시트 항목을 찾아서 삭제할 수 있음
  * 스타일시트 삭제 기능은 정확성이 떨어지기 때문에 사용에 주의가 필요하다.

(7) 보기 메뉴

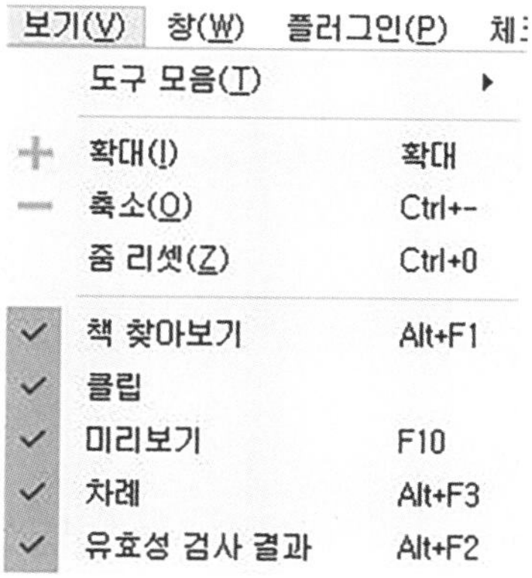

그림 4-28.

- 도구 모음: 도구 상자에 여러 요소를 보이거나 보이지 않게 함

- 확대: 편집창의 글자 크기를 확대
- 축소: 편집창의 글자 크기를 축소
- 줌 리셋: 편집창의 글자 크기를 기본 상태로 변경
  * 확대/축소/줌 리셋은 ePub 콘텐츠의 글자 크기 스타일을 변경하는게 아니고 편집 화면에서 보이는 글자 크기만 키워주는 것이기 때문에 편집 화면에서 글자가 크게 보이더라도 책의 글자 크기가 커지는 것은 아님

- 책 찾아보기: 책 찾아보기 탐색창을 표시/해제
- 클립: 클립 창을 표시/해제
- 미리보기: 미리보기 창을 표시/해제
- 목차: 목차/TOC 창을 표시/해제
- 유효성 검사 결과: 유효성검사 창을 표시/해제

(8) 창 메뉴

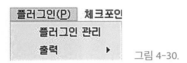

그림 4-29.

- 다음 탭: 열려있는 탭에서 작업 중인 탭의 다음(오른쪽) 탭으로 이동
- 이전 탭: 열려있는 탭에서 작업 중인 탭의 이전(왼쪽) 탭으로 이동
  * 이전 탭/다음 탭은 파일의 순서와 상관없이 열려있는 탭 중에서 이동함
- 탭 닫기: 작업 중인 탭을 닫음
- 다른 탭 닫기: 작업 중인 탭을 제외하고 나머지 탭을 모두 닫음

- 이전파일: 작업 중인 파일의 이전 파일을 탭으로 불러옴
- 다음: 작업 중인 파일의 다음 파일을 탭으로 불러옴

  * 이전 파일/다음 파일은 탭의 순서와 상관없이 책 찾아보기에서 보이는 순서의 이전 혹은 다음 파일로 이동함

(9) 플러그인 메뉴

그림 4-30.

- 플러그인 관리
- 출력: 저장된 플러그인을 출력

(10) 체크포인트 메뉴

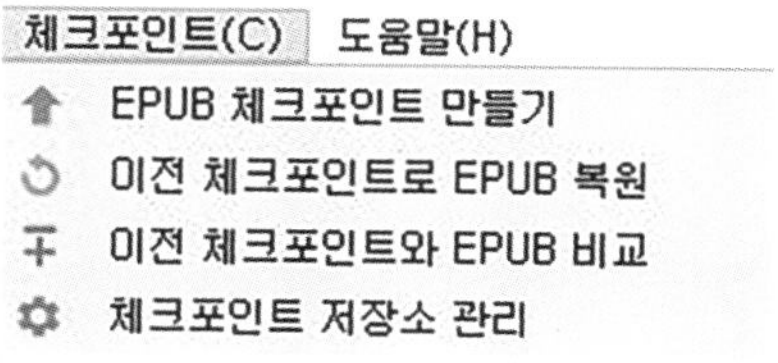

그림 4-31.

- ePub 체크포인트 만들기
- 이전 체크포인트로 ePub 복원: 이전 체크포인트 상태로 복원
- 이전 체크포인트와 ePub 비교: 이전 체크포인트와 현재 상태를 비교
- 체크포인트 저장소 관리

(11) 도움말

사용안내, 등록정보 등을 볼 수 있음

도구상자

5

시길로 글자 표현하기

1. 글자 크기 설정하기

본문을 100%로 기준으로 했을 때, 제목h1을 160%, 제목h2를 140%, 제목h3를 120%, 제목h4를 110%로 설정하는 것이 좋다.

```
html
<h1>제목1 테스트</h1>
<h2>제목2 테스트</h2>
<h3>제목3 테스트</h3>
<h4>제목4 테스트</h4>
<p> 본문 테스트 </p>


css
body{font-size: 1em;} ❶
h1{font-size: 1.6em;}
h2{font-size: 1.4em;}
h3{font-size: 1.2em;}
h4{font-size: 1.1em;}
p{font-size: 1em;} ❷
```

글자 크기를 설정하는데 CSS에서 font-size속성을 사용하여 표현한다. 단위로는 상대적 단위를 사용하는 방법과 고정 단위를 사용하는 방법이 있다. 픽셀px이나 포인트pt 같은 고정 단위를 사용할 경우 이용자마다의 뷰어 해상도 및 사이즈가 다르기에 디자이너의 의도와 다르게 보일 수가 있다. 그래서 고정 단위보다는 상대 단위를 사용하는 것을 권장한다. 상대 단위로는 em이나 %가 있다.

기준이 되는 글자 크기는 HTML의 body 요소를 CSS의 셀렉터selector로 선언하고, ❶과 같이 설정한다.

CSS 속성	font-size	글자 크기를 설정
단위	%	뷰어 기본값에 대한 비율로 설정
	em	뷰어의 기본값에서 정한 글자 크기인 알파벳 M의 높이를 1로 하는 단위
	ex	뷰어의 기본값에서 정한 글자 크기인 알파벳 소문자x의 높이를 1로 하는 단위
	px	픽셀
	pt	포인트(1/72인치)
	{font-size: 1em;}	글자 크기를 설정하는 요소와 { }안에 크기를 설정

• html파일과 CSS 파일 연결하기

html파일에 오른쪽 클릭을 하면 'stylesheet 연결'이라는 탭이 나온다. 그 부분을 클릭하면 내가 연결하고 싶은 CSS파일 리스트들이 보여진다. 이때 연결하고 싶은 CSS파일과 연결하면 된다. 1개의 html에 여러 개의 CSS 파일 연결이 가능하다.

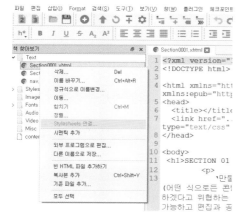
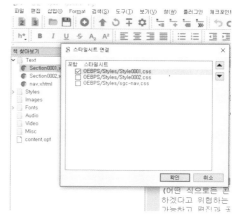

그림 5-1.

2. 글꼴 설정하기

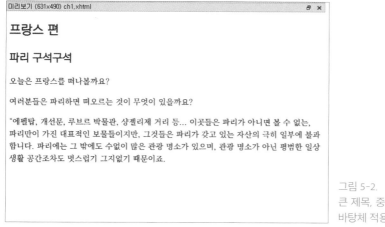

그림 5-2.
큰 제목, 중간 제목은 네모체·본문은
바탕체 적용한 모습

종이책뿐 아니라, 전자책에서도 가독성 및 디자인을 위해 폰트는 아주 중요한 요소이다. 종이책과 달리 전자책은 스마트 단말기, 스마트폰, PC 등을 통해 구독하기에 전자책 전용 폰트를 사용하는 것이 좋다.

'돋움체'나 '바탕체'를 "@font-family"로 설정하더라도 뷰어가 해당 글꼴을 지원하지 않거나 원본의 글꼴을 무시하는 경우 편집자의 의도와 다르게 보일 수 있다. 이에 가능한 모든 단말기에 공통적으로 지원하는 글꼴을 사용하는 것이 좋다. 또한 폰트를 해당 파일에 내장하는 것이기에 저작권 문제가 없는 글꼴을 사용해야 한다. 네이버의 '나눔 폰트'[1], 한국출판인회의의 'KoPub'폰트[2], 한국출판문화산업진흥원의 '순바탕체'[3]가 무료로 사용할 수 있다.

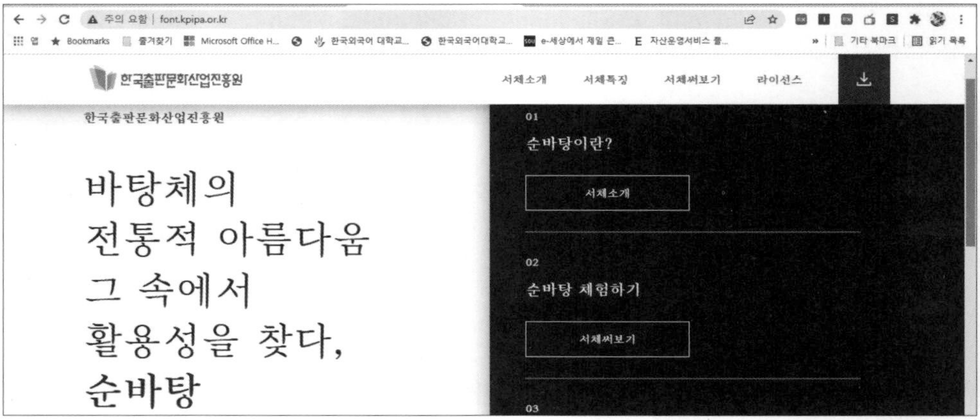

그림 5-3. 한국출판문화산업진흥원 순바탕체

그림 5-4. 한국출판인회의 koPub폰트

1   https://hangeul.naver.com/font

2   https://www.kopus.org/biz-electronic-font2/

3   http://font.kpipa.or.kr/

폰트파일명을 간단하게 rename해주면 더욱 좋다. 대·소문자 및 띄어쓰기도 정확히 해주는 게 나중에 오류에 잡히지 않는다.

오른쪽 마우스 클릭 후 내가 사용하고자 하는 폰트를 아래 그림과 같이 담으면 된다.

그림 5-5.

```
<body>
<h1>프랑스 편</h1>
<h2>파리 구석구석</h2>
<p>오늘은 프랑스를 떠나볼까요?</p>
<p>여러분들은 파리하면 떠오르는 것이 무엇이 있을까요?</p>
<p>"에펠탑, 개선문, 루브르 박물관, 샹젤리제 거리 등...
이곳들은 파리가 아니면 볼 수 없는, 파리만이 가진 대표적인 보물들이지만,
그것들은 파리가 갖고 있는 자산의 극히 일부에 불과합니다. 파리에는 그 밖에
도 수없이 많은 관광 명소가 있으며, 관광 명소가 아닌 평범한 일상생활 공간
조차도 멋스럽기 그지없기 때문이죠.</p>
</body>
```

html

```
@font-face {
        font-family: '돋움체'; ❶
        font-style:normal;
        font-weight:normal;
        src: url('../Fonts/KoPubDotumLight.ttf'); ❷
}

@font-face {
        font-family: '바탕체'; ❸
        font-style:normal;
        font-weight:normal;
        src: url('../Fonts/KoPubBatangMedium.ttf'); ❹
}

body { font-size:1em; }

h1 { font-size:1.6em; }
h2 { font-size:1.4em; }
h3 { font-size:1.2em; }
h4 { font-size:1.1em; }
p { font-size:1em; }

body { font-family: '바탕체';} ❺

h1, h2,h3, h4 {  font-family: '돋움체';} ❻
```

CSS

여기까지 한 뒤에 html파일과 해당 CSS파일을 연결하면 된다.

CSS 속성	@ font-face	ePub파일 안에 WOFF와 OpenType 글꼴을 font-family 속성으로 적용할 수 있도록 정의한다.
값	font-family	CSS요소의 font-family에서 사용될 이름을 선언한다.
	src: url(글꼴 파일 경로) format(글꼴 형식)	· 글꼴 파일 경로와 형식을 설정한다. · 글꼴 형식은 WOFF 경우, "woff", OpenType경우에는 'opentype'을 설정한다.
	font-style: 값	기본값: normal, 이택릭 지원 폰트: italic
	font-weight: 값	기본값: normal, 볼드 지원 폰트: bold

용법	@font-face{
	font-family: 글꼴명;
	font-style: 값; font-weight: 값;
	src: url(글꼴 파일 경로) format(글꼴 형식)
	}	

CSS 속성	font-family	글꼴 설정에는 font-family 속성을 사용한다.
값	임의의 글꼴 이름	·기본값은 뷰어에 의존한다. · font-family를 이용한 글꼴 설정은 임의의 글꼴을 콤마로 구분하여 적용하고 싶은 순서대로 왼쪽부터 나열하고 마지막에 폰트명을 넣는다.
	serif	명조체
	sans-serif	고딕체
용법	셀렉터 {font-family:sans-serif;}	글꼴을 포함시키는 경우, 외부 리소스를 참조하려면 글꼴을 설정하여 참조할 위치와 포맷 종류(옵션)를 설정해야 한다.

3. 글꼴 굵기 설정하기

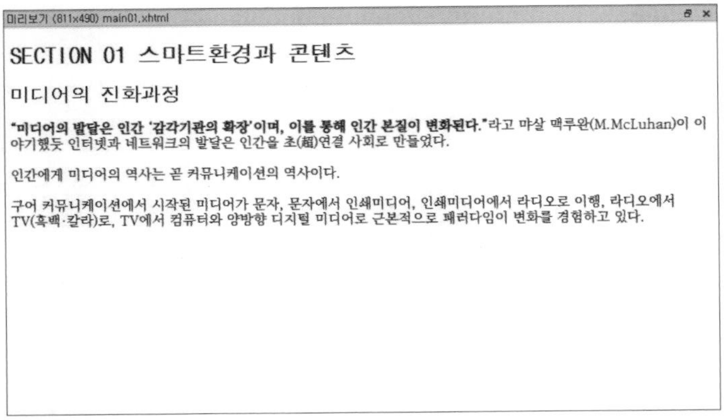

미리보기 (811x490) main01.xhtml

SECTION 01 스마트환경과 콘텐츠

미디어의 진화과정

"미디어의 발달은 인간 '감각기관의 확장'이며, 이를 통해 인간 본질이 변화된다."라고 마샬 맥루완(M.McLuhan)이 이야기했듯 인터넷과 네트워크의 발달은 인간을 초(超)연결 사회로 만들었다.

인간에게 미디어의 역사는 곧 커뮤니케이션의 역사이다.

구어 커뮤니케이션에서 시작된 미디어가 문자, 문자에서 인쇄미디어, 인쇄미디어에서 라디오로 이행, 라디오에서 TV(흑백·칼라)로, TV에서 컴퓨터와 양방향 디지털 미디어로 근본적으로 패러다임이 변화를 경험하고 있다.

그림 5-6.
본문 중간에 볼드처리가 일부분 되어 있는 모습

```
<body>
<h1>SECTION 01 스마트환경과 콘텐츠</h1>

<h2>미디어의 진화과정</h2>

<p><span class="emphasis">"미디어의 발달은 인간 '감각기관의 확장'이며, 이를 통해 인간 본질이 변화된다."</span>라고 마샬 맥루완(M.McLuhan)이 이야기했듯 인터넷과 네트워크의 발달은 인간을 초(超)연결 사회로 만들었다.</p>
 <p>인간에게 미디어의 역사는 곧 커뮤니케이션의 역사이다. </p>

 <p>구어 커뮤니케이션에서 시작된 미디어가 문자, 문자에서 인쇄미디어, 인쇄미디어에서 라디오로 이행, 라디오에서 TV(흑백·칼라)로, TV에서 컴퓨터와 양방향 디지털 미디어로 근본적으로 패러다임이 변화를 경험하고 있다. </p>
</body>
```

html

시길로 전자책 만들기

```css
@font-face {
        font-family: '돋움체';
        src: url('../Fonts/KoPubDotumLight.ttf');
}

@font-face {
        font-family: '바탕체';
        src: url('../Fonts/KoPubBatangMedium.ttf');
}

body { font-size:1em; }

h1 { font-size:1.6em; }
h2 { font-size:1.4em; }
h3 { font-size:1.2em; }
h4 { font-size:1.1em; }
p { font-size:1em;
font-weight: normal;} ❶

body { font-family:'바탕체';}

h1, h2,h3, h4 {  font-family:'돋움체';  }

.emphasis { font-weight: bold; } ❷
```

CSS

❶ p요소의 기본값은 normal이고 'bold'로 설정하면 굵게 표현된다.

❷ 임의의 요소만 볼드체로 설정할 수 있다. .클래스명(.emphasis)으로 설정 후 html에서 class[4]로 연결한다.

---

4   CLASS. 클래스명 {속성1: 속성값; 속성2: 속성값;} class는 한 페이지에 반복적으로 사용되는 스타일을

CSS 속성	font-weight	글꼴 굵기를 설정한다.
값	normal	· 기본값은 요소에 따라 다르다. · 다른 값도 있기도 하지만 'normal'과 'bold' 중 하나로 설정하는 것이 좋다.
	bold	
용법	셀렉터 {font-weight: bold;}	적용할 요소명에 이어 굵기를 설정한다.

4. 문장 정렬하기

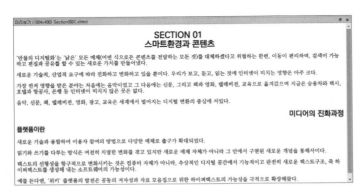

그림 5-7.

<h1>SECTION 01
스마트환경과 콘텐츠</h1>
<p>'만물의 디지털화'는 '낡은' 모든 매체(어떤 식으로든 콘텐츠를 전달하는 모든 것)를 대체하겠다고 위협하는 한편, 이동이 편리하며, 검색이 가능하고 편집과 공유를 할 수 있는 새로운 가치를 만들어냈다.</p>
·
·
<h2>미디어의 진화과정</h2>
<h3>플랫폼이란</h3>

정의할 수 있다. 또한 하나의 태그에 class 속성은 여러 개를 가질 수 있다. 똑같은 형태로 꾸며질 것인데 하나씩 만든다면 불편할 것이다. 그럴 때 그룹으로 묶어서 똑같은 스타일을 지정하면 편하게 작업을 할 수 있다.

시길로 전자책 만들기

`<p>`새로운 기술과 융합하여 이용자 참여의 방법으로 다양한 매체로 출구가 확대되었다.`</p>`

html

```
h1 { font-size:1.6em; text-align:center;} ❶
h2 { font-size:1.4em; text-align:right; } ❷
h3 { font-size:1.2em; }
h4 { font-size:1.1em; }
p { font-size:1em; }
```

css

❶ center는 가운데 정렬로 설정된다.
❷ right는 오른쪽 정렬로 설정된다.

텍스트 정렬 속성은 CSS 중 text-align 속성이다. 왼쪽 정렬(left), 오른쪽 정렬(right), 가운데 정렬(center), 양쪽 정렬(justify)로 설정한다. 아무런 설정값을 주지 않을 때는 자동 양끝 정렬이 기본 속성이다.

CSS 속성	text-align	문장 정렬을 설정한다
	left	왼쪽 정렬
	right	오른쪽 정렬
값	center	가운데 정렬
	justify	양끝 정렬
	(sart)	CSS3부터 정의, 박스의 처음에 정렬
	(end)	CSS3부터 정의, 박스의 끝에 정렬
용법	셀렉터 {text-align: right;}	적용할 요소명에 문장 정렬 위치를 설정한다.

5. 들여쓰기 설정하기

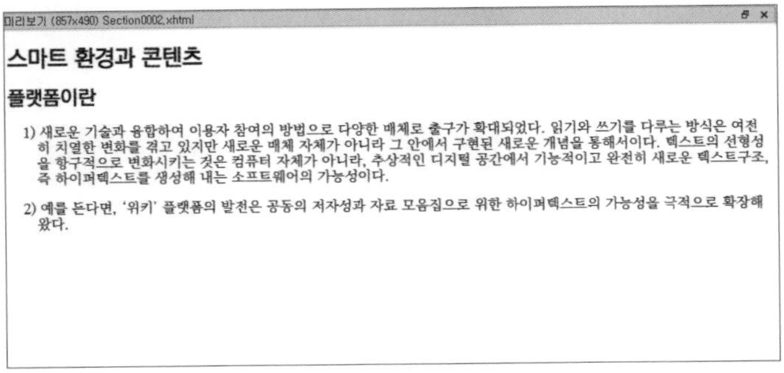

그림 5-8.
한 글자씩 내어쓰기 한 모습

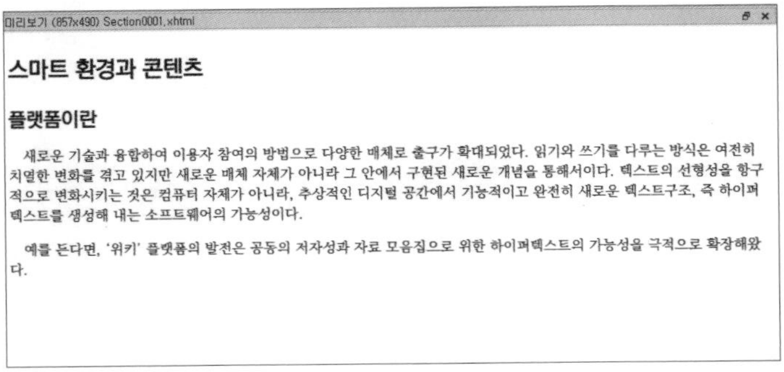

그림 5-9.
indent 속성을 통한 한 단락마다
들여쓰기 한 모습

```
<h1>스마트 환경과 콘텐츠</h1>
<h2>플랫폼이란</h2>

<p>새로운 기술과 융합하여 이용자 참여의 방법으로 다양한 매체로 출구가 확
대되었다.  읽기와 쓰기를 다루는 방식은 여전히 치열한 변화를 겪고 있지만
새로운 매체 자체가 아니라 그 안에서 구현된 새로운 개념을 통해서이다.
텍스트의 선형성을 항구적으로 변화시키는 것은 컴퓨터 자체가 아니라, 추상적
인 디지털 공간에서 기능적이고 완전히 새로운 텍스트구조, 즉 하이퍼텍스트를
생성해 내는 소프트웨어의 가능성이다.</p>
   <p>예를 든다면, '위키' 플랫폼의 발전은 공동의 저자성과 자료 모음집으로
위한 하이퍼텍스트의 가능성을 극적으로 확장해왔다.</p>
```

html

```
p { font-size:1em;
    line-height: 1.45;
    text-indent:1em; } ❶
```

```
p { font-size:1em;
    padding-left : 2em; ❷
    text-indent: -1em;  } ❸
```

❶ 한 글자 들여쓰기는 1em
❷ 왼쪽 여백에 두 글자 크기만큼 들여쓰기 설정한다.
❸ 단락 첫 줄은 한 글자 내어쓰기로 설정한다.

들여쓰기를 할 때는 CSS 속성 중 text-indent속성을 사용한다. 스페이스바를 사용해도 가능하지만 HTML에서는 공백없이 CSS 설정을 하는 것을 더 선호한다. 뷰어 단말기에 따라 글자 크기가 자동으로 바뀔 수 있기에 px같은 절대 크기 단위 말고 상대크기 단위인 em을 사용하는 것을 추천한다. 또한 text-indent속성에 음수(-) 값을 넣으면 그림과 같이 내어쓰기 형태로 보인다. 보통 리스트화 할 때는 ol요소 혹은 li요소를 사용한다.

CSS 속성	text-indent	들여쓰기를 설정한다.
값	적용 값	• 단위를 정해 수치를 설정한다. • 단위는 em이외에 px 등도 설정할 수 있다. • 단말기 환경에서 정확한 조절을 원한다면 em단위를 사용하는 것이 좋다.
단위	em	뷰어의 기본 값에서 정한 글자 크기인 알파벳 'M'의 높이를 1로 하는 단위
용법	셀렉터 {text-indent: 1em;}	• 적용할 요소명에 이어 상대 단위로 들여쓰기를 설정한다. • 레이아웃에 따라 padding값을 넣어 여백을 설정한다.

6. 글자 간격(자간) 설정하기

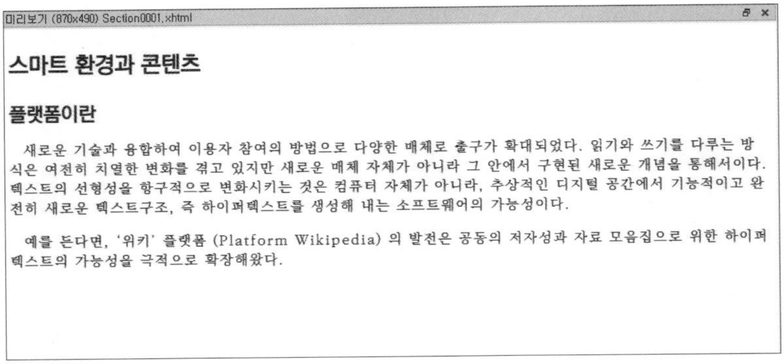

미리보기 (870x490) Section0001.xhtml

스마트 환경과 콘텐츠

플랫폼이란

　새로운 기술과 융합하여 이용자 참여의 방법으로 다양한 매체로 출구가 확대되었다. 읽기와 쓰기를 다루는 방식은 여전히 치열한 변화를 겪고 있지만 새로운 매체 자체가 아니라 그 안에서 구현된 새로운 개념을 통해서이다. 텍스트의 선형성을 항구적으로 변화시키는 것은 컴퓨터 자체가 아니라, 추상적인 디지털 공간에서 기능적이고 완전히 새로운 텍스트구조, 즉 하이퍼텍스트를 생성해 내는 소프트웨어의 가능성이다.

　예를 든다면, '위키' 플랫폼 (Platform Wikipedia) 의 발전은 공동의 저자성과 자료 모음집으로 위한 하이퍼텍스트의 가능성을 극적으로 확장해왔다.

그림 5-10.

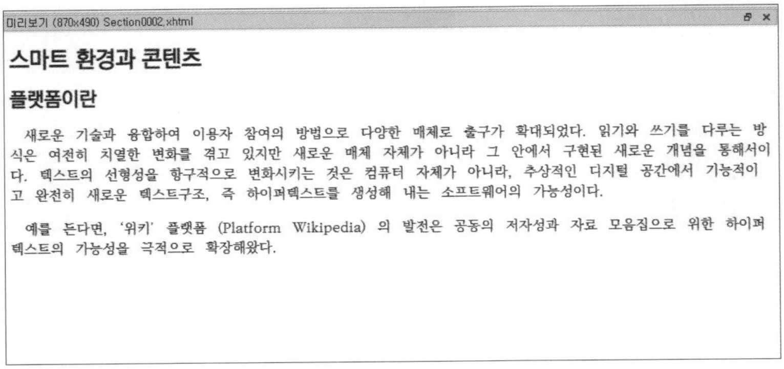

미리보기 (870x490) Section0002.xhtml

스마트 환경과 콘텐츠

플랫폼이란

　새로운 기술과 융합하여 이용자 참여의 방법으로 다양한 매체로 출구가 확대되었다. 읽기와 쓰기를 다루는 방식은 여전히 치열한 변화를 겪고 있지만 새로운 매체 자체가 아니라 그 안에서 구현된 새로운 개념을 통해서이다. 텍스트의 선형성을 항구적으로 변화시키는 것은 컴퓨터 자체가 아니라, 추상적인 디지털 공간에서 기능적이고 완전히 새로운 텍스트구조, 즉 하이퍼텍스트를 생성해 내는 소프트웨어의 가능성이다.

　예를 든다면, '위키' 플랫폼 (Platform Wikipedia) 의 발전은 공동의 저자성과 자료 모음집으로 위한 하이퍼텍스트의 가능성을 극적으로 확장해왔다.

그림 5-11.

시길로 전자책 만들기

```
p { font-size:1em;
    line-height: 1.45;
    text-indent:1em;
    letter-spacing:0.1em} ❶
```

CSS

```
p { font-size:1em;
    line-height: 1.45;
    text-indent:1em;
    word-spacing:0.5em;} ❷
```

CSS

> ❶ 상대값 단위를 넣는 게 좋고, 음수 값을 넣으면 자간을 좁힐 수 있다.
> ❷ letter-spacing은 글자와 글자 사이의 간격을 조절, word-spacing는 단어와 단어 사이의
> 간격을 조절할 때 넣는다.

자간 간격을 조정할 속성은 CSS 중 letter-spacing 과 word-spacing이다. 간격을 설정할 때는 글자크기와 마찬가지로 상대값의 단위로 사용하는 것을 권장한다. 자간을 좁힐 때는 음수(−)값으로 조절한다. 종이책의 경우 자간과 행간을 조절하여 페이지를 맞추는 작업을 하지만 전자책 경우 뷰어에 따라 레이아웃이 달라지기에 페이지 수에 맞추는 건 의미가 없다.

CSS 속성	letter-spacing	글자 간격을 조정할 때 사용한다.
값	적용 값	• 단위를 정해 수치를 설정한다. • 단말기 환경에서 정확한 조절을 원한다면 em단위를 사용하는 것이 좋다.
단위	em	뷰어의 기본 값에서 정한 글자 크기인 알파벳 'M'의 높이를 1로 하는 단위
용법	셀렉터 {letter-spacing: 0.5em;}	• 적용할 요소명에 이어 상대 단위로 글자 간격을 설정한다. • 음수 값을 넣으면 간격을 좁힐 수 있다.

CSS 속성	word-spacing	단어 사이의 간격을 설정할 때 사용한다.
값	적용 값	• 단위를 정해 수치를 설정한다. • 단말기 환경에서 정확한 조절을 원한다면 em단위를 사용하는 것이 좋다.
단위	em	뷰어의 기본 값에서 정한 글자 크기인 알파벳 'M'의 높이를 1로 하는 단위
용법	셀렉터 {word-spacing: 0.5em;}	• 적용할 요소명에 이어 상대 단위로 단어 간격을 설정한다. • 음수 값을 넣으면 간격을 좁힐 수 있다.

7. 줄간격(행간) 설정하기

그림 5-12. h1,p코드 비교하기 1

그림 5-13. h1,p코드 비교하기 2

시길로 전자책 만들기

```
<body>
  <h1>SECTION 01 <br/>⁵스마트환경과 콘텐츠</h1>
  <p>'만물의 디지털화'는 '낡은' 모든 매체(어떤 식으로든 콘텐츠를 전달하는 모든 것)를 대체하겠다고 위협하는 한편, 이동이 편리하며, 검색이 가능하고 편집과 공유를 할 수 있는 새로운 가치를 만들어냈다.</p>
  <p>새로운 기술적, 산업적 요구에 따라 진화하고 변화하고 있을 뿐이다. 우리가 보고, 듣고, 읽는 것에 인터넷이 미치는 영향은 아주 크다.</p>
  <p> 가장 먼저 영향을 받은 분야는 처음에는 음악이었고 그 다음에는 신문, 그리고 책과 영화, 텔레비전, 교육으로 옮겨갔으며 지금은 승용차와 택시, 호텔과 항공사, 은행 등 인터넷이 미치지 않은 곳은 없다.</p>
  <p>음악, 신문, 책, 텔레비전, 영화, 광고, 교육은 세계에서 벌어지는 디지털 변환의 중심에 서 있다.</p>

  <h2>미디어의 진화과정</h2>
  <h3>플랫폼이란</h3>
  <p>새로운 기술과 융합하여 이용자 참여의 방법으로 다양한 매체로 출구가 확대되었다.</p>
  <p> 읽기와 쓰기를 다루는 방식은 여전히 치열한 변화를 겪고 있지만 새로운 매체 자체가 아니라 그 안에서 구현된 새로운 개념을 통해서이다.</p>
  <p>텍스트의 선형성을 항구적으로 변화시키는 것은 컴퓨터 자체가 아니라, 추상적인 디지털 공간에서 기능적이고 완전히 새로운 텍스트구조, 즉 하이퍼텍스트를 생성해 내는 소프트웨어의 가능성이다.</p>
  <p>예를 든다면, '위키' 플랫폼의 발전은 공동의 저자성과 자료 모음집으로 위한 하이퍼텍스트의 가능성을 극적으로 확장해왔다.</p>
</body>
```

html

---

5   〈br/〉 줄 바꿈 코드

```css
@font-face {
        font-family: '돋움체';
        font-style:normal;
        font-weight:normal;
        src: url('../Fonts/KoPubDotumMedium.ttf');
}

@font-face {
        font-family: '바탕체';
        font-style:normal;
        font-weight:normal;
        src: url('../Fonts/KoPubBatangMedium.ttf');
}

body { font-size:1em; }

h1 { font-size:1.6em; line-height: 2em; } ❶
h2 { font-size:1.4em; }
h3 { font-size:1.2em; }
h4 { font-size:1.1em; }
p { font-size:1em; line-height: 1.45;  } ❷

body { font-family:'바탕체'}

h1, h2,h3, h4 { font-family:'돋움체'}
```

CSS

❶ 줄 간격 값을 줄 때는 line-height 값을 주면 된다.
❷ %나 em과 같은 상대 크기 단위를 사용하는 것이 일반적이지만, line-height는 단위가
  없어도 사용할 수 있다.

줄 간격을 설정할 때는 line-height를 사용해야 한다. line-height는 행의 전체 높이를 의미하며 문자들은 행의 중간에 위치하게 된다. line-height는 행의 전체 높이를 의미한다.

CSS 속성	line-height	줄 간격을 설정한다
값	적용값	• 단위를 정해수치로 줄 간격을 설정한다. • 보통 상대 단위(%, em)를 사용한다. • 높이를 고정할 때는 px단위를 사용한다. • 행에 포함된 문자열의 높이를 기준으로 상하 여백을 설정한다.
단위	px	픽셀
	%	뷰어의 기본값에 대한 비율로 설정한다.
	em	뷰어의 기본값에서 정한 글자 크기인 알파벳 M높이를 1로 하는 단위
	단위 없음	문자의 기본 크기를 1(1=100%, 1.4=140%)로 한다.
용법	셀렉터 {line-height: 1.4em;}	행 높이를 설정할 요소를 셀렉터로 하고 { } 안에 해당 하는 값을 설정한다.

8. 글자색 설정하기

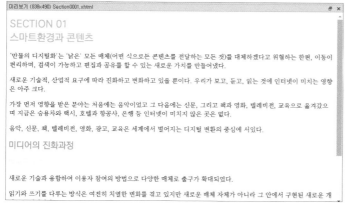

그림 5-14.

```css
h1 { font-size:1.6em; color: red; }
h2 { font-size:1.4em; color: #830782;}
h3 { font-size:1.2em; color: #f9e437 }
```

css

글자색을 설정할 때는 CSS 속성 중에 color를 사용한다. 요소마다 글자색을 다르게 지정하려면 속성을 요소별로 정의하거나 임의의 class를 설정해야 한다. 색을 입력할 때는 색상의 이름을 직접 넣는 방법[6] RGB값을 넣는 방법, 16진수값을 넣는 방법이 있다. 전체가 아니라 부분으로 색상을 주고 싶을 때는 span요소를 사용해서 해당 요소를 class 속성으로 연결하면 된다.

```html
<h1>텍스트 중간 <span>검정색으로</span> 바꾸기</h1>
<p> 텍스트 <span class="otherColor">일부를</span> 블루로 합니다.</p>
```

html

```css
h1 span{
color:#000000;} ❶
p span
.otherColor {color: red;} ❷
```

css

❶ h1요소에 포함된 span 요소에만 색상을 설정한다.
❷ p요소에 포함된 span 중 'otherColor' 클래스가 설정된 부분만 색상을 설정한다.

---

6   17개의 색상에는 이름이 있다.

CSS 속성	color	글자색을 설정한다.
값	색이름	'red', 'pink' 등의 색 이름
	RGB값	rgb(0,0,0) 등과 같이 RGB값을 ' ',로 구분하여 순번을 설정한다.
	16진수 표기	#000000, #FF0000와 같이 설정한다.
용법	셀렉터 {color: red;}	적용할 요소명에 이어 색상을 설정한다.

9. 글자 배경색과 밑줄 설정하기

그림 5-15.
미리보기

```
<h1>background-color 속성을 이용한 배경 색상 지정</h1>
<h2>CSS : background-color</h2>

<p>background-color를 지정하면 텍스트에 형광팬을 칠한 느낌을 표현할 수 있
습니다.</p>
<p>다음과 같이 span 태그에 <span class="marked">CSS에서 선언한 <span
class="emphasis">marked 클래스</span>를 지정하게 되면,</span> 해당 span에
만 배경색이 적용됩니다.</p>
```

html

```css
@font-face {
        font-family: '돋움체';
        font-style:normal;
        font-weight:normal;
        src: url('../Fonts/KoPubDotumMedium.ttf');
}

@font-face {
        font-family: '바탕체';
        font-style:normal;
        font-weight:normal;
        src: url('../Fonts/KoPubBatangMedium.ttf');
}

body { font-size:1em; }

h1 { font-size:1.6em; color: red; }
h2 { font-size:1.4em; color: #830782;}
h3 { font-size:1.2em; color: #f9e437 }
h4 { font-size:1.1em; }
p { font-size:1em; }


h1 { font-size:1.6em;
     line-height: 1.4em;
     background-color:#fc0;} ❶
p { line-height: 1.45; }

.marked { background-color: #ff0; } ❷


body { font-family:'바탕체'}

h1, h2,h3, h4 {  font-family:'돋움체'}
```

CSS

시길로 전자책 만들기

❶ h1 요소에 background-color로 칼라값을 설정한다.
❷ css 속성으로 임의의 텍스트 배경색을 지정할 수 있도록 설정한다.

텍스트 뒷 배경에 색을 표현하고자 할 경우에는 background-color속성을 사용한다. 단락 안에 일부 텍스트에 배경색을 설정할 경우에는 class속성을 span요소로 그룹화하여 설정한다.

CSS 속성	backgound-color	배경색을 설정한다.
값	색이름	'red', 'pink' 등의 색 이름
	RGB값	rgb(0,0,0) 등과 같이 RGB값을 ' ',로 구분하여 순번을 설정한다.
	16진수 표기	#000000, #FF0000와 같이 설정한다.
용법	셀렉터 {backcolor-color: red;}	적용할 요소명에 이어 색상을 설정한다.

background-color를 지정하면 텍스트에 형광팬을 칠한 느낌을 표현할 수 있습니다.
다음과 같이 span 태그에 CSS에서 선언한 marked 클래스를 지정하게 되면, 해당 span에만 배경색이 적용됩니다.

그림 5-16. underline 설정 모습

background-color를 지정하면 텍스트에 형광팬을 칠한 느낌을 표현할 수 있습니다.
다음과 같이 span 태그에 CSS에서 선언한 marked 클래스를 지정하게 되면, 해당 span에만 배경색이 적용됩니다.

그림 5-17. overline 설정 모습

background-color를 지정하면 텍스트에 형광팬을 칠한 느낌을 표현할 수 있습니다.
다음과 같이 span 태그에 CSS에서 선언한 marked 클래스를 지정하게 되면, 해당 span에만 배경색이 적용됩니다.

그림 5-18. overline, underline 둘다 설정한 모습

```
<p>다음과 같이 span 태그에 <span class="marked">CSS에서 선언한 <span
class="emphasis">marked 클래스</span>를 지정하게 되면,</span> 해당 span에
만 배경색이 적용됩니다.</p>
```

html

```
.marked { background-color: #ff0; }
.emphasis { text-decoration: underline; } ❶
```

css

```
.marked { background-color: #ff0; }
.emphasis { text-decoration: overline; } ❷
.marked { background-color: #ff0; }
.emphasis { text-decoration: underline overline; } ❸
```

강조하는 텍스트를 표현하기 위해서는 text-decoration 속성을 사용한다.

CSS 속성	text-decoration	밑줄을 설정한다.
값	underline	밑줄
	overline	윗줄
	line-through	가운데 줄
용법	셀렉터 {text-decolation: underline;}	적용할 요소명에 이어 값을 설정한다.

시길로 전자책 만들기

10. 각주 넣기

기존의 종이책에서는 주석을 본문 하단에 작성하거나 맨 뒤 주석 페이지를 만들어 제공하였다. 하지만 전자책은 터치 한 번으로 쉽게 주석으로 넘어가고 돌아올 수도 있고 팝업 형식으로 주석을 표시할 수도 있다. 일반적인 경우 터치 영역이 너무 작다면 주석을 터치하려다 페이지가 넘어가는 불편이 생길 수 있기 때문에 터치 영역을 적당히 넓게 잡아 주는 것이 좋다.

1) 주석 마크 삽입하기

주석은 보통 본문 크기보다 작은 크기로 위첨자나 아래첨자로 표현된다. 위첨자를 삽입하는 요소는 〈sup〉이고 아래첨자는 〈sub〉로 표현한다. 도구 상자를 이용하면 클릭 한 번으로 간단하게 표현할 수 있다.

그림 5-19.
위첨자, 아래첨자 도구상자 단축키

❶ 위첨자 삽입
❷ 아래첨자 삽입

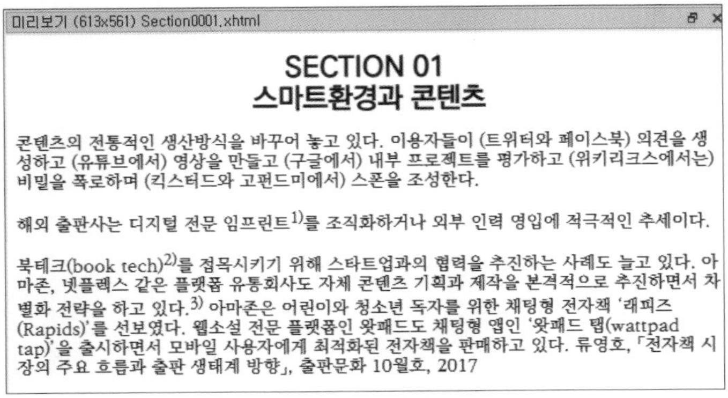
미리보기 (613x561) Section0001.xhtml

SECTION 01
스마트환경과 콘텐츠

콘텐츠의 전통적인 생산방식을 바꾸어 놓고 있다. 이용자들이 (트위터와 페이스북) 의견을 생성하고 (유튜브에서) 영상을 만들고 (구글에서) 내부 프로젝트를 평가하고 (위키리크스에서는) 비밀을 폭로하며 (킥스터드와 고펀드미에서) 스폰을 조성한다.

해외 출판사는 디지털 전문 임프린트[1)]를 조직화하거나 외부 인력 영입에 적극적인 추세이다.

북테크(book tech)[2)]를 접목시키기 위해 스타트업과의 협력을 추진하는 사례도 늘고 있다. 아마존, 넷플렉스 같은 플랫폼 유통회사도 자체 콘텐츠 기획과 제작을 본격적으로 추진하면서 차별화 전략을 하고 있다.[3)] 아마존은 어린이와 청소년 독자를 위한 채팅형 전자책 '래피즈(Rapids)'를 선보였다. 웹소설 전문 플랫폼인 왓패드도 채팅형 앱인 '왓패드 탭(wattpad tap)'을 출시하면서 모바일 사용자에게 최적화된 전자책을 판매하고 있다. 류영호, 「전자책 시장의 주요 흐름과 출판 생태계 방향」, 출판문화 10월호, 2017

그림 5-20.
위첨자를 넣어 각주를 표시한 모습

```
<body>
 <h1>SECTION 01 <br/>스마트환경과 콘텐츠</h1>
<p>콘텐츠의 전통적인 생산방식을 바꾸어 놓고 있다. 이용자들이 (트위터와 페이스북) 의견을 생성하고 (유튜브에서) 영상을 만들고 (구글에서) 내부 프로젝트를 평가하고 (위키리크스에서는) 비밀을 폭로하며 (킥스터드와 고펀드미에서) 스폰을 조성한다.</p>
<p>해외 출판사는 디지털 전문 임프린트<sup>1)</sup>를 조직화하거나 외부 인력 영입에 적극적인 추세이다.</p>
<p>북테크(book tech)<sup>2)</sup>를 접목시키기 위해 스타트업과의 협력을 추진하는 사례도 늘고 있다. 아마존, 넷플렉스 같은 플랫폼 유통회사도 자체 콘텐츠 기획과 제작을 본격적으로 추진하면서 차별화 전략을 하고 있다.<sup>3)</sup> 아마존은 어린이와 청소년 독자를 위한 채팅형 전자책 '래피즈(Rapids)'를 선보였다. 웹소설 전문 플랫폼인 왓패드도 채팅형 앱인 '왓패드 탭(wattpad tap)'을 출시하면서 모바일 사용자에게 최적화된 전자책을 판매하고 있다. 류영호, 「전자책 시장의 주요 흐름과 출판 생태계 방향」, 출판문화 10월호, 2017</p>
```

html

2) ID 지정해주기

다음으로 해야 할 것은 각주를 넣고자 하는 단어나 첨자에 ID값을 지정해주는 것이다. 각주를 넣을 위치에 〈a〉 태그로 id를 지정해 준다. 직접 태그를 적어줄 수도 있고 원하는 구간을 드래그하여 지정한 뒤 도구 상자의 닻 모양을 눌러 지정해 줄 수도 있다. id값은 본인만의 규칙을 만들어 지정해주는 편이 작업하기에 수월하다. 예시에선 본문 단어의 id값을 note로 지정 후 숫자를 붙여 작업해 본다.

보통 주석을 위한 〈a〉 태그는 〈sup〉에만 붙이는 게 일반적이지만 주석을 달 단어까지 〈a〉 태그로 묶어 무엇에 대한 주석인지도 명확하게 표시해 주어도 좋다.

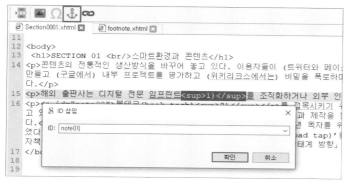

그림 5-21.
ID값 지정

<h1>SECTION 01
스마트환경과 콘텐츠</h1>
<p>콘텐츠의 전통적인 생산방식을 바꾸어 놓고 있다. 이용자들이 (트위터와 페이스북) 의견을 생성하고 (유튜브에서) 영상을 만들고 (구글에서) 내부 프로젝트를 평가하고 (위키리크스에서는) 비밀을 폭로하며 (킥스터드와 고펀드미에서) 스폰을 조성한다.</p>
<p>해외 출판사는 <a id="note01">디지털 전문 임프린트¹⁾</a>를 조직화하거나 외부 인력 영입에 적극적인 추세이다.</p>
<p><a id="note02">북테크(book tech)²⁾</a>를 접목시키기 위해 스타트업과의 협력을 추진하는 사례도 늘고 있다. 아마존, 넷플렉스 같은 플랫폼 유통회사도 자체 콘텐츠 기획과 제작을 본격적으로 추진하면서 차별화 전략을 하고 있다.<a id="note03">³⁾</a> 아마존은 어린이와 청소년 독자를 위한 채팅형 전자책 '래피즈(Rapids)'를 선보였다. 웹소설 전문 플랫폼인 왓

패드도 채팅형 앱인 '왓패드 탭(wattpad tap)'을 출시하면서 모바일 사용자에게 최적화된 전자책을 판매하고 있다. 류영호, 「전자책 시장의 주요 흐름과 출판 생태계 방향」, 출판문화 10월호, 2017</p>

<div align="center">html</div>

주석의 내용을 담고 있는 Footnote에도 본문과 동일한 방법으로 id값을 지정해 준다. 예시에서는 footnote로 지정 후 숫자를 붙여주었다.

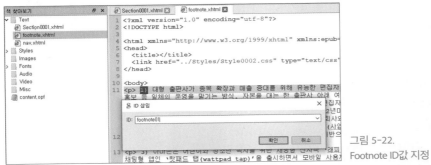

그림 5-22.
Footnote ID값 지정

<p> <a id="footnote01">1)</a> 대형 출판사가 종목 확장과 매출 증대를 위해 유능한 편집자를 스카우트하여 별도의 브랜드를 내주고 편집, 기획, 제작, 홍보 등 일체의 운영을 맡기는 방식. 자본을 대는 한 출판사 아래 여러 개의 독자적 브랜드를 두는 '사내 분사'의 한 방식이다. 출판사는 유능한 편집자의 전문성과 창의성을 확보할 수 있고, 편집자는 자본의 영세함에 구애받지 않고 자기 능력을 발휘할 수 있다. 단기적 수익성을 극대화하는 자본 집중형 방식으로, 보통 2년마다 재계약을 하며, 매년 성과에 따라 인센티브를 받는다. 매출 대비 순이익이 높을수록 인센티브도 높아진다. 계열사나 자회사와 달리 수익성이 없으면 가차 없이 해당 브랜드는 사라질 수밖에 없다. 단, 일부 출판사는 임프린트의 성과를 평가해 계열사(사업자등록과 지분 확보)의 길을 열어주기도 한다.</p>
<p> <a id="footnote02">2)</a> Book 과 Tech의 합성어로 소셜네트워크서비스(SNS) 기반으로 카드뉴스와 영상을 마케팅 방법으로 사용하는 것을 말한다.</p>

시길로 전자책 만들기

```
<p> <a id="footnote03">3)</a> 아마존은 어린이와 청소년 독자를 위한 채팅
형 전자책 '래피즈(Rapids)'를 선보였다. 웹소설 전문 플랫폼인 왓패드도 채팅
형 앱인 '왓패드 탭(wattpad tap)'을 출시하면서 모바일 사용자에게 최적화된 전
자책을 판매하고 있다. 류영호, 「전자책 시장의 주요 흐름과 출판 생태계 방
향」, 출판문화 10월호, 2017</p>
```

footnote.html

3) 주석 하이퍼링크 설정하기

각각 ID를 부여했다면 다음은 본문과 주석을 연결해주어야 한다. 우선 본문에서 주석
으로 넘어가는 하이퍼링크를 설정해 준다. 앞에서 id값을 지정해준 단어 혹은 숫자를
선택한 뒤 선택도구의 하이퍼링크 버튼을 눌러 대상 선택창을 열고 각주와 연결해 준
다. 〈a〉 태그 내부에 href="~"를 직접 적어 연결해 줄 수도 있다.

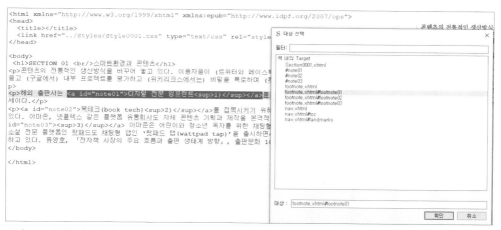

그림 5-23. 본문 링크 연결

정상적으로 링크가 연결된 경우 미리보기의 해당 단어가 파란색으로 변하고 밑줄
이 생겼을 것이다. 이 상태로 클릭하면 주석이 담긴 페이지로 이동한다.

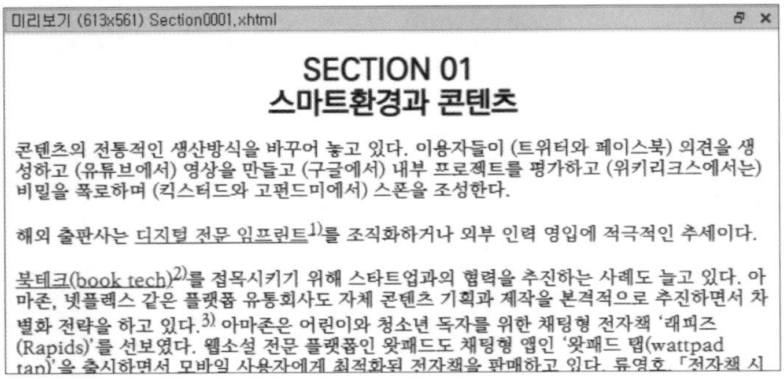

SECTION 01
스마트환경과 콘텐츠

콘텐츠의 전통적인 생산방식을 바꾸어 놓고 있다. 이용자들이 (트위터와 페이스북) 의견을 생성하고 (유튜브에서) 영상을 만들고 (구글에서) 내부 프로젝트를 평가하고 (위키리크스에서는) 비밀을 폭로하며 (킥스터드와 고펀드미에서) 스폰을 조성한다.

해외 출판사는 <u>디지털 전문 임프린트</u>[1]를 조직화하거나 외부 인력 영입에 적극적인 추세이다.

<u>북테크(book tech)</u>[2]를 접목시키기 위해 스타트업과의 협력을 추진하는 사례도 늘고 있다. 아마존, 넷플렉스 같은 플랫폼 유통회사도 자체 콘텐츠 기획과 제작을 본격적으로 추진하면서 차별화 전략을 하고 있다.[3] 아마존은 어린이와 청소년 독자를 위한 채팅형 전자책 '래피즈(Rapids)'를 선보였다. 웹소설 전문 플랫폼인 왓패드도 채팅형 앱인 '왓패드 탭(wattpad tap)'을 출시하면서 모바일 사용자에게 최적화된 전자책을 판매하고 있다. 류영호, 「전자책 시

그림 5-24.
본문 링크 연결 미리보기

```html
<h1>SECTION 01 <br/>스마트환경과 콘텐츠</h1>
<p>콘텐츠의 전통적인 생산방식을 바꾸어 놓고 있다. 이용자들이 (트위터와 페이스북) 의견을 생성하고 (유튜브에서) 영상을 만들고 (구글에서) 내부 프로젝트를 평가하고 (위키리크스에서는) 비밀을 폭로하며 (킥스터드와 고펀드미에서) 스폰을 조성한다.</p>
<p>해외 출판사는 <a id="note01" href="footnote.xhtml#footnote01">디지털 전문 임프린트<sup>1)</sup></a>를 조직화하거나 외부 인력 영입에 적극적인 추세이다.</p>
<p><a id="note02" href="footnote.xhtml#footnote02">북테크(book tech)<sup>2)</sup></a>를 접목시키기 위해 스타트업과의 협력을 추진하는 사례도 늘고 있다. 아마존, 넷플렉스 같은 플랫폼 유통회사도 자체 콘텐츠 기획과 제작을 본격적으로 추진하면서 차별화 전략을 하고 있다.<a id="note03" href="footnote.xhtml#footnote03"><sup>3)</sup></a> 아마존은 어린이와 청소년 독자를 위한 채팅형 전자책 '래피즈(Rapids)'를 선보였다. 웹소설 전문 플랫폼인 왓패드도 채팅형 앱인 '왓패드 탭(wattpad tap)'을 출시하면서 모바일 사용자에게 최적화된 전자책을 판매하고 있다. 류영호, 「전자책 시장의 주요 흐름과 출판 생태계 방향」, 출판문화 10월호, 2017</p>
```

html

이후 주석도 동일하게 작업을 해주어 다시 본문으로 돌아올 수 있게 만들어 준다. 혹은 주석 끝에 본문으로 돌아오기 위한 링크를 추가하는 등의 변화를 주어도 좋다. '↰'나 '↱' 'BACK' 등의 문자에 본문으로의 링크를 연결해주면 간단하게 본문으로 돌아오는 버튼을 만들 수 있다.

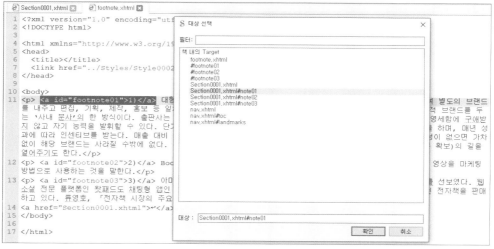

그림 5-25. 주석 링크 연결

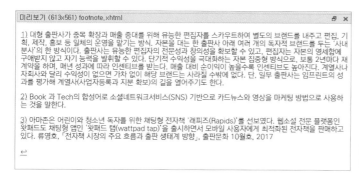

그림 5-26.
주석 링크 연결 미리보기

```
<body>
<p> <a id="footnote01" href="Section0001.xhtml#note01">1)</a> 대형 출판사가
```
종목 확장과 매출 증대를 위해 유능한 편집자를 스카우트하여 별도의 브랜드를
내주고 편집, 기획, 제작, 홍보 등 일체의 운영을 맡기는 방식. 자본을 대는
한 출판사 아래 여러 개의 독자적 브랜드를 두는 '사내 분사'의 한 방식이다.
출판사는 유능한 편집자의 전문성과 창의성을 확보할 수 있고, 편집자는 자본
의 영세함에 구애받지 않고 자기 능력을 발휘할 수 있다. 단기적 수익성을 극
대화하는 자본 집중형 방식으로, 보통 2년마다 재계약을 하며, 매년 성과에 따
라 인센티브를 받는다. 매출 대비 순이익이 높을수록 인센티브도 높아진다. 계

열사나 자회사와 달리 수익성이 없으면 가차 없이 해당 브랜드는 사라질 수밖에 없다. 단, 일부 출판사는 임프린트의 성과를 평가해 계열사(사업자등록과 지분 확보)의 길을 열어주기도 한다.</p>

```
<p> <a id="footnote02" href="Section0001.xhtml#note02">2)</a> Book 과 Tech
```
의 합성어로 소셜네트워크서비스(SNS) 기반으로 카드뉴스와 영상을 마케팅 방법으로 사용하는 것을 말한다.</p>

```
<p> <a id="footnote03" href="Section0001.xhtml#note03">3)</a> 아마존은 어린
```
이와 청소년 독자를 위한 채팅형 전자책 '래피즈(Rapids)'를 선보였다. 웹소설 전문 플랫폼인 왓패드도 채팅형 앱인 '왓패드 탭(wattpad tap)'을 출시하면서 모바일 사용자에게 최적화된 전자책을 판매하고 있다. 류영호, 「전자책 시장의 주요 흐름과 출판 생태계 방향」, 출판문화 10월호, 2017</p>

```
<a href="Section0001.xhtml">↵</a>
```
```
</body>
```

footnote.html

4) 팝업 주석 설정하기

지금까지의 방식으로 주석을 입력할 경우 주석 페이지로 넘어가는 링크 형식이었다면 이번에 알아볼 것은 페이지를 넘기지 않고 〈aside〉태그를 활용해 주석을 팝업 형식으로 띄우는 방법이다.

본문에는 기존과 동일한 〈a〉태그에 추가로 ePub：type="noteref" 속성을 부여해주면 된다.

```html
<h1>SECTION 01 <br/>스마트환경과 콘텐츠</h1>

<p>콘텐츠의 전통적인 생산방식을 바꾸어 놓고 있다. 이용자들이 (트위터와 페
이스북) 의견을 생성하고 (유튜브에서) 영상을 만들고 (구글에서) 내부 프로젝트
를 평가하고 (위키리크스에서는) 비밀을 폭로하며 (킥스터드와 고펀드미에서) 스폰
을 조성한다.</p>

<p> 해외 출판사는 <a epub:type="noteref" id="note01" href="#footnote01">디
지털 전문 임프린트<sup>1)</sup></a>를 조직화하거나 외부 인력 영입에 적극적
인 추세이다.</p>
```

html

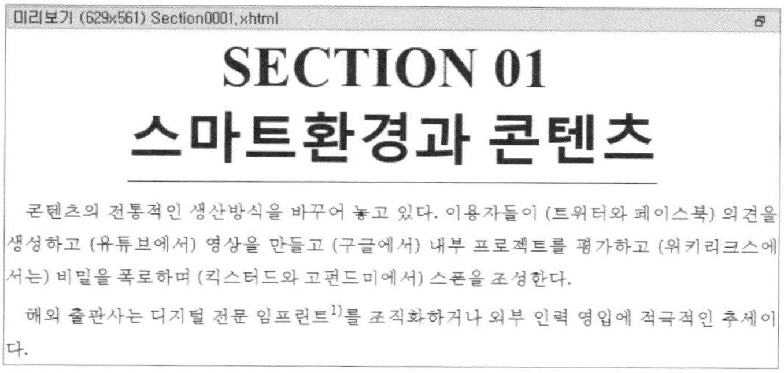

미리보기 (629x561) Section0001.xhtml

SECTION 01
스마트환경과 콘텐츠

콘텐츠의 전통적인 생산방식을 바꾸어 놓고 있다. 이용자들이 (트위터와 페이스북) 의견을
생성하고 (유튜브에서) 영상을 만들고 (구글에서) 내부 프로젝트를 평가하고 (위키리크스에
서는) 비밀을 폭로하며 (킥스터드와 고펀드미에서) 스폰을 조성한다.
해외 출판사는 디지털 전문 임프린트[1]를 조직화하거나 외부 인력 영입에 적극적인 추세이
다.

그림 5-27.
epub:type="noteref" 속성 부여한
본문 미리보기

이후 주석 설명을 〈aside〉태그로 묶어 작성한다. 주석 설명에는 이 내용이 주석 설
명이라는 것을 ePub:type="footnote" 속성으로 나타내주어야 하며 본문과 연결되는 ID
를 추가해주어야 한다.

이 작업을 완료하면 팝업 주석이 표현된다. 하지만 팝업 주석을 지원하지 않거나
ePub2만 지원하는 뷰어의 경우 ePub:type 속성을 추가해도 단순 링크로 인식하여 주
석 설명 페이지로 넘어가는 상황이 발생할 수 있기 때문에 다시 본문으로 돌아오는 링
크를 설정해주는 편이 좋다.

```
<aside epub:type="footnote" id="footnote01">
<p> <a href="Section0001.xhtml#note01">1)</a> 대형 출판사가 종목 확장과 매
출 증대를 위해 유능한 편집자를 스카우트하여 별도의 브랜드를 내주고 편집,
기획, 제작, 홍보 등 일체의 운영을 맡기는 방식. 자본을 대는 한 출판사 아래
여러 개의 독자적 브랜드를 두는 '사내 분사'의 한 방식이다. 출판사는 유능한
편집자의 전문성과 창의성을 확보할 수 있고, 편집자는 자본의 영세함에 구애
받지 않고 자기 능력을 발휘할 수 있다. 단기적 수익성을 극대화하는 자본 집
중형 방식으로, 보통 2년마다 재계약을 하며, 매년 성과에 따라 인센티브를 받
는다. 매출 대비 순이익이 높을수록 인센티브도 높아진다. 계열사나 자회사와
달리 수익성이 없으면 가차 없이 해당 브랜드는 사라질 수밖에 없다. 단, 일부
출판사는 임프린트의 성과를 평가해 계열사(사업자등록과 지분 확보)의 길을 열
어주기도 한다.</p>
</aside>
<a href="Section0001.xhtml">↵</a>
```

html

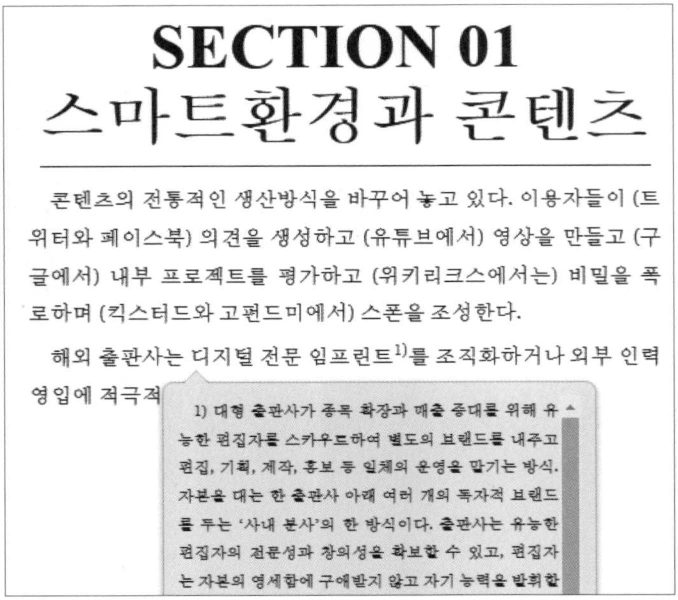

그림 5-28.
팝업 주석 적용 예시

blockquote는 인용문을 표시할 때 사용하는 요소이다. 보통 blockquote 요소를 사용한 곳은 들여쓰기가 된다. 팝업을 구성할 때도 이렇게 blockquote 속성을 사용하기도 한다.

```
<p>
blockquote는 인용문을 표시할 때 사용하는 태그입니다.

<blockquote>
인용문, 팝업 요소 등
</blockquote>

보통 blockquote 요소를 사용한 곳은 들여쓰기가 됩니다.
</p>
```

html

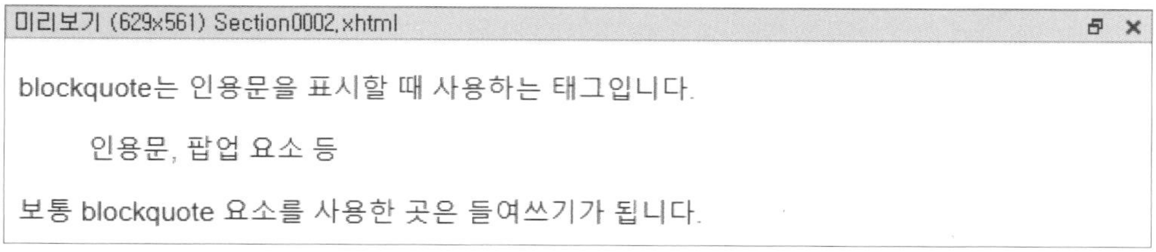

미리보기 (629x561) Section0002.xhtml

blockquote는 인용문을 표시할 때 사용하는 태그입니다.

인용문, 팝업 요소 등

보통 blockquote 요소를 사용한 곳은 들여쓰기가 됩니다.

그림 5-29. blockquote 미리보기

css에서 blockquote의 속성을 지정할 수도 있다.

```
blockquote{
border-top: 2px solid #ccc;
border-bottom: 2px solid #ccc;
text-align:center;
margin: 10px;
padding: 10px;}
```

css 예시1

예시 2는 인용문, 팝업 내부를 다른 색상으로 표시한 경우이다.

```
blockquote {
 background-color: #B2CCFF;
 margin: 10px;
 padding: 10px;
  border: 0px solid #000;
 -moz-border-radius:10px;
 border-radius:10px; }
```

css 예시2

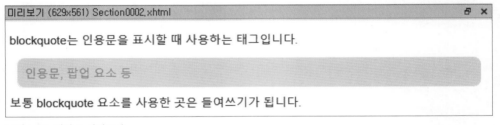

그림 5-30. 예시 2 미리보기

이처럼 팝업의 요소도 blockquote으로 구현할 수 있다.

시길로 전자책 만들기

6

시길로 단락 표현하기

1. 다단 설정하기

지구촌 물..어떻게 흐르고, 넘치고, 부족할까

[아이뉴스24 정종오 기자] 액체 상태의 물은 생명체가 살 수 있는 기본 바탕을 만들어준다. 최근 이 같은 물 때문에 전 세계가 신음하고 있다. 부족해서가 아니라 지나치게 넘쳐서 문제다. 파키스탄은 물 폭탄으로 국토의 3분의 1이 잠겼다. 우리나라에서는 8월초 서울 등 수도권에 집중 호우가 내려 곳곳에서 돌발홍수가 발생했다. 9월초에는 태풍 '힌남노'로 경북 포항이 잠겼고 많은 이들이 소중한 목숨을 잃었다.

물은 생명체가 살 수 있는 기본인데 때론 생명을 위협하고 모든 것을 파괴하는 '극심하고 극단적 파괴자'로 얼굴을 바꾼다. 지구촌의 물은 시간이 지남에 따라 어떻게 변하고 있을까. 바다, 호수, 강, 습지 등 지구 표면에 흐르는 물(지표수)은 정확히 얼마나 될까. 어떤 과정을 통해 흐르고, 넘치고, 부족한 걸까. 이상기후에 따라 그 변동성은 얼마나 될까. 이 같은 질문에 답을 줄 수 있는 위성을 미국 캘리포니아에서 발사한다. 오는 12월 5일 SWOT(Surface Water and Ocean Topography) 위성을 우주로 쏘아 올린

다. 역시나 스페이스X의 팰컨9 로켓에 실려 우주로 떠난다.

SWOT에 대해 미국 항공우주청(NASA)은 "처음으로 지표수에 대한 글로벌 조사를 목적으로 한 위성"이라며 "시간이 지남에 따라 지구 수역이 어떻게 변하고 있는 지를 알아볼 것"이라고 설명했다. 대양의 자세한 지형은 물론 호수, 강, 습지 등 물과 관련된 모든 것이 파악 대상이다. SWOT는 국제적 협력으로 진행되고 있다. 캐나다 우주기구(CSA)는 물론 영국우주기구(UKSA)도 함께 한다. SWOT는 육지는 물론 바다의 수위를 파악할 수 있다. 지구촌은 지금 기

후변화를 지나 기후위기와 기후재앙 상황에 직면하고 있다. 그 위험성에 대비할 수 있는 시스템이 필요한 실정이다. SWOT은 이런 절체절명의 상황을 염두에 둔 프로젝트 중 하나이다. 이 때문에 SWOT 프로젝트에는 해양 전문가는 물론 수문학, 기상학 등 여러 전문가들이 참여하고 있다. 지구촌의 지표수는 정확히 얼마나 되고 어떤 변화를 겪고 있는지를 파악해 보고자 하는 것이다. 이를 통해 깨끗한 물 확보는 물론 극심한 상황에 대한 대비와 해결책, 기후변화에 따른 변동성에 대처하겠다는 목적이다.

지구촌 물..어떻게 흐르고, 넘치고, 부족할까

[아이뉴스24 정종오 기자] 액체 상태의 물은 생명체가 살 수 있는 기본 바탕을 만들어준다. 최근 이 같은 물 때문에 전 세계가 신음하고 있다. 부족해서가 아니라 지나치게 넘쳐서 문제다. 파키스탄은 물 폭탄으로 국토의 3분의 1이 잠겼다. 우리나라에서는 8월초 서울 등 수도권에 집중 호우가 내려 곳곳에서 돌발홍수가 발생했다. 9월초에는 태풍 '힌남노'로 경북 포항이 잠겼고 많은 이들이 소중한 목숨을 잃었다.

물은 생명체가 살 수 있는 기본인데 때론 생명을 위협하고 모든 것을 파괴하는 '극심하고 극단적 파괴자'로 얼굴을 바꾼다. 지구촌의 물은 시간이 지남에 따라 어떻게 변하고 있을까. 바다, 호수, 강, 습지 등 지구 표면에 흐르는 물(지표수)은 정확히 얼마나 될까. 어떤 과정을 통해 흐르고, 넘치고, 부족한 걸까 이상기후에 따라 그 변동성은 얼마나 될까. 이 같은 질문에 답을 줄 수 있는 위성을 미국 캘리포니아에서 발

이스X의 팰컨9 로켓에 실려 우주로 떠난다

SWOT에 대해 미국 항공우주청(NASA)은 "처음으로 지표수에 대한 글로벌 조사를 목적으로 한 위성"이라며 "시간이 지남에 따라 지구 수역이 어떻게 변하고 있는 지를 알아볼 것"이라고 설명했다. 대양의 자세한 지형은 물론 호수, 강, 습지 등 물과 관련된 모든 것이 파악 대상이다. SWOT는 국제적 협력으로 진행되고 있다. 캐나다 우주기구

변화를 지나 기후위기와 기후재양 상황에 직면하고 있다. 그 위험성에 대비할 수 있는 시스템이 필요한 실정이다. SWOT은 이런 절체절명의 상황을 염두에 둔 프로젝트 중 하나이다. 이 때문에 SWOT 프로젝트에는 해양 전문가는 물론 수문학, 기상학 등 여러 전문가들이 참여하고 있다. 지구촌의 지표수는 정확히 얼마나 되고 어떤 변화를 겪고 있는지를 알아볼 것이다. 이를 통해 깨끗한 물 확보는

그림 6-1.
창의 너비가 좁아져도 단의 개수는 동일하다

```
<h1>지구촌 물..어떻게 흐르고, 넘치고, 부족할까</h1>
<p><strong>[아이뉴스24 정종오 기자]</strong> 액체 상태의 물은 생명체가 살
수 있는 기본 바탕을 만들어준다. 최근 이 같은 물 때문에 전 세계가 신음하고
있다. 부족해서가 아니라 지나치게 넘쳐서 문제다. 파키스탄은 물 폭탄으로 국
토의 3분의 1이 잠겼다. ....</p>

<div class="multicol">
<p>물은 생명체가 살 수 있는 기본인데 때론 생명을 위협하고 모든 것을 파괴
하는 '극심하고 극단적 파괴자'로 얼굴을 바꾼다.
....</p>

<p>SWOT에 대해 미국 항공우주청(NASA)은 "처음으로 지표수에 대한 글로벌 조사
를 목적으로 한 위성"이라며 "시간이 지남에 따라 지구 수역이 어떻게 변하고
있는 지를 알아볼 것"이라고 설명했다
......</p>
</div>
```

html

```
.multicol {
-webkit-column-count:3;
-epub-column-count:3;
column-count:3;
}
```

css

column-count 속성에 단의 개수를 설정한다. css3속성뿐 아니라 웹킷용 벤더 프리픽
스인 '-webkit-'과 ePub용 벤더 프리픽스인 '-ePub-'도 병기한다.

    column-count 속성은 다단을 표현할 단의 수를 보여주기 위한 기능이다. 기본값
은 auto이며 1단으로 표현된다.

CSS 속성	column-count	• 몇 단으로 표현할지 설정한다 • 값은 상속되지 않는다.
값	auto	• 기본값 • 1단
	정수	• 1이상의 수로 표현 • column width값이 설정되지 않은 경우, 설정한 단수보다 줄어들 수 있다.
용법	셀렉터 {column-count: 값;}	

2. 단의 너비 설정하기

미리보기 (769x490) Section0001.xhtml

지구촌 물..어떻게 흐르고, 넘치고, 부족할까

[아이뉴스24 정종오 기자] 액체 상태의 물은 생명체가 살 수 있는 기본 바탕을 만들어준다. 최근 이 같은 물 때문에 전 세계가 신음하고 있다. 부족해서가 아니라 지나치게 넘쳐서 문제다. 파키스탄은 물 폭탄으로 국토의 3분의 1이 잠겼다. 우리나라에서는 8월초 서울 등 수도권에 집중 호우가 내려 곳곳에서 돌발홍수가 발생했다. 9월초에는 태풍 '힌남노'로 경북 포항이 잠겼고 많은 이들이 소중한 목숨을 잃었다.

물은 생명체가 살 수 있는 기본인데 때론 생명을 위협하고 모든 것을 파괴하는 '극심하고 극단적 파괴자로 얼굴을 바꾼다. 지구촌의 물은 시간이 지남에 따라 어떻게 변하고 있을까. 바다, 호수, 강, 습지 등 지구 표면에 흐르는 물(지표수)은 정확히 얼마나 될까. 어떤 과정을 통해 흐르고, 넘치고, 부족한 걸까. 이상기후에 따라 그 변동성은 얼마나 될까. 이 같은 질문에 답을 줄 수 있는 위성을 미국 캘리포니아에서 발사한다. 오는 12월 5일 SWOT(Surface Water and Ocean Topography) 위성을 우주로 쏘아 올린다. 역시나 스페이스X의 팰컨9 로켓에 실려 우주로 떠난다.

SWOT에 대해 미국 항공우주청(NASA)은 "처음으로 지표수에 대한 글로벌 조사를 목적으로 한 위성"이라며 "시간이 지남에 따라 지구 수역이 어떻게 변하고 있는 지를 알아볼 것"이라고 설명했다. 대양의 자세한 지형은 물론 호수, 강, 습지 등 물과 관련된 모든 것이 파악 대상이다. SWOT는 국제적 협력으로 진행되고 있다. 캐나다 우주기구(CSA)는 물론 영국우주기구(UKSA)도 함께 한다. SWOT는 육지는 물론 바다의 수위를 파악할 수 있다. 지구촌은 지금 기후변화를 지나 기후위기와 기후재앙 상황에 직면하고 있다. 그 위험성에 대비할 수 있는 시스템이 필요한 실정이다. SWOT은 이런 절체절명의 상황을 염두에 둔 프로젝트 중 하나이다.

그림 6-2.

```
.multicol
{
-webkit-column-count:2;
-epub-column-count:2;
column-count:2;
```

```
-webkit-column-width:10em;
-epub-column-width:10em;
column-width:10em;
}
```

CSS

column-width에 속성에 단위를 설정한다. css3속성뿐 아니라 웹킷용 벤더 프리픽스인
'-webkit-'과 ePub용 벤더 프리픽스인 '-ePub-'도 병기한다.

　column-width에 속성은 단의 너비를 설정한다. 박스 너비와 다단의 너비를 기준
으로 단의 수가 정해진다. 박스 전체 너비가 980px 경우, 칼럼의 너비를 400px으로 설
정하면 2단으로 표현되지만, 웹킷의 경우 칼럼의 너비가 400px로 고정되지 않는다. 박
스의 전체 너비가 auto인 경우에는 창의 가로 너비에 따라 단의 수가 바뀐다.

CSS 속성	column-width	• 단의 너비를 설정한다. • 값은 상속되지 않는다.
값	auto	• 기본값 • 단이 표현되지 않는다
	정수	• 단의 너비는 정수값으로 설정한다. • px 혹은 em단위를 사용한다. • 대상이 되는 박스 전체의 너비에 따라 단의 너비가 바뀐다.
용법	셀렉터 {column-width: 값;}	

3. 단과 단 사이의 간격 설정하기

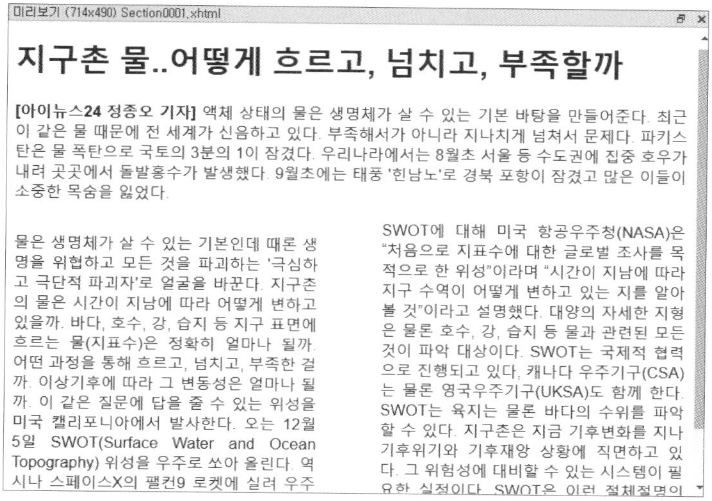

미리보기 (714x490) Section0001.xhtml

지구촌 물..어떻게 흐르고, 넘치고, 부족할까

[아이뉴스24 정종오 기자] 액체 상태의 물은 생명체가 살 수 있는 기본 바탕을 만들어준다. 최근 이 같은 물 때문에 전 세계가 신음하고 있다. 부족해서가 아니라 지나치게 넘쳐서 문제다. 파키스탄은 물 폭탄으로 국토의 3분의 1이 잠겼다. 우리나라에서는 8월초 서울 등 수도권에 집중 호우가 내려 곳곳에서 돌발홍수가 발생했다. 9월초에는 태풍 '힌남노'로 경북 포항이 잠겼고 많은 이들이 소중한 목숨을 잃었다.

물은 생명체가 살 수 있는 기본인데 때론 생명을 위협하고 모든 것을 파괴하는 '극심하고 극단적 파괴자'로 얼굴을 바꾼다. 지구촌의 물은 시간이 지남에 따라 어떻게 변하고 있을까. 바다, 호수, 강, 습지 등 지구 표면에 흐르는 물(지표수)은 정확히 얼마나 될까. 어떤 과정을 통해 흐르고, 넘치고, 부족한 걸까. 이상기후에 따라 그 변동성은 얼마나 될까. 이 같은 질문에 답을 줄 수 있는 위성을 미국 캘리포니아에서 발사한다. 오는 12월 5일 SWOT(Surface Water and Ocean Topography) 위성을 우주로 쏘아 올린다. 역시나 스페이스X의 팰컨9 로켓에 실려 우주

SWOT에 대해 미국 항공우주청(NASA)은 "처음으로 지표수에 대한 글로벌 조사를 목적으로 한 위성"이라며 "시간이 지남에 따라 지구 수역이 어떻게 변하고 있는 지를 알아볼 것"이라고 설명했다. 대양의 자세한 지형은 물론 호수, 강, 습지 등 물과 관련된 모든 것이 파악 대상이다. SWOT는 국제적 협력으로 진행되고 있다. 캐나다 우주기구(CSA)는 물론 영국우주기구(UKSA)도 함께 한다. SWOT는 육지는 물론 바다의 수위를 파악할 수 있다. 지구촌은 지금 기후변화를 지나 기후위기와 기후재앙 상황에 직면하고 있다. 그 위험성에 대비할 수 있는 시스템이 필요한 실정이다. SWOT은 이런 전체설명이

그림 6-3.

```css
.multicol
{-webkit-column-count:2;
-epub-column-count:2;
column-count:2;

-webkit-column-gap:4em;
-epub-column-gap:4em;
column-gap:4em;
}
```

css

column-gap에 속성에 단 간격의 값을 설정한다. css3속성뿐 아니라 웹킷용 벤더 프리픽스인 '-webkit-'과 ePub용 벤더 프리픽스인 '-ePub-'도 병기한다.

    column-gap에 속성은 다단에서 단과 단 사이의 간격을 설정하는 용법이다. 기본값은 'nomal'이며 보통 1em이다. 간격이 넓으면 각 단의 너비가 줄어들고 박스 전체의 너비는 바뀌지 않는다.

CSS 속성	column-gap	• 단 사이의 간격을 설정한다. • 값은 상속되지 않는다.
값	nomal	• 기본값 • 1em
	적용 값	• 적용 값을 설정 • px과 em단위를 사용한다.
용법	셀렉터 {column-gap: 값;}	

4. 단과 단 사이의 경계선 설정하기

그림 6-4.

```
.multicol {
-webkit-column-count:3;
-epub-column-count:3;
column-count:3;

-webkit-column-gap:2em;
```

```css
-epub-column-gap:2em;
column-gap:2em;

-webkit-column-rule:1px solid red;
-epub-column-rule:1px solid red;
column-rule:1px solid red;}
```

CSS

column-rul에 속성에 굵기, 선의 스타일, 선의 색의 값을 설정한다. css3속성 뿐 아니라 웹킷용 벤더 프리픽스인 '-webkit-'과 ePub용 벤더 프리픽스인 '-ePub-'도 병기한다. 기본값은 'none'이며, 굵기는 'medium'이 표준이며 색은 color값으로 설정한다.

CSS 속성	column-rule		• 경계선의 스타일, 굵기, 칼라값을 설정할 수 있다. • 값은 상속되지 않는다.
	column-rule-style		경계선의 스타일을 설정할 수 있다.
	column-rule-width		경계선의 굵기를 설정할 수 있다.
	column-rule-color		경계선의 칼라값을 설정할 수 있다.
값	nomal/meditum/color	기본값	선의 스타일은 none, 선의 굵기는 medium, 색은 뷰어의 기본값에 의존한다.
	none, hidden, dotted, dashed, solid, double, groove, ridge, inset, outset	선의 스타일	• none: 없음 • hidden: 비표시 • dotted: 점선 • dashed: 파선 • solid: 실선 • double: 이중선 • groove: 오목한 입체선 • ridge: 볼록한 입체선 • inset: 오른쪽 아래에서 비친 듯한 선 • outset: 왼쪽 위에서 비친 듯한 선
	thin, medium, thick	선의 수치	선의 굵기
	색		선의 색
용법	셀렉터 {column-rule: 선의 스타일 굵기값 색의 값;} 셀렉터 {column-rule-style: 값;} 셀렉터 {column-rule-width: 값;} 셀렉터 {column-rule-color: 값;}		

7

시길로 이미지 표현하기

1. 이미지 표현하기

ePub에서 사용할 수 있는 이미지 포맷은 아래와 같다.

JPG	그레이스케일이나 컬러 정지화상의 압출에 관한 국제 표준이다.
GIF	비손실 압축파일 포맷이며, 8비트 256색상을 표현할 수 있다. 애니메이션 기능을 지원한다.
PNG	비손실 압축파일 포맷 중 하나. 이미지 손실이 없으면서 웹상에서 GIF나 JEPG 보다 빠른 화면 출력이 가능하다. 알파채널이 지원되어 반투명 표현이 가능하다.
SVG	XML을 기반으로 하는 벡터 파일 형식. XML로 작성한 파일이므로 웹상이나 텍스트로 여는 것이 가능.

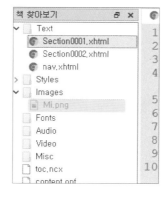

그림 7-1.

이미지 폴더에 마우스를 올린 후, 오른쪽 클릭을 하여 내가 담고 싶은 이미지를 해당 폴더에 넣는다. 그럼 해당 폴더에 그림과 같이 이미지가 담겨진 것을 확인할 수 있다.

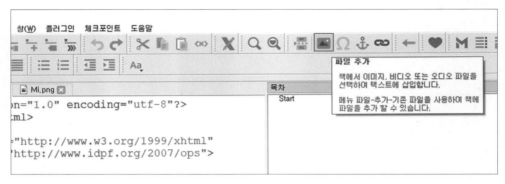
그림 7-2.

HTML창에서 넣고 싶은 위치에 위 상단 이미지 아이콘(파일 추가 아이콘)을 클릭 후 이미지 중 선택 후 넣어주면 된다.

그림 7-3.

시길로 전자책 만들기

그림 7-4.
본문에 이미지 배치 후
미리보기 1

```
<p>
<img alt="Fallston" src="../Images/Fallston.jpg"/> ❶
<br/>
이미지를 넣은 모습입니다.
</p>
```

html

❶ Image 폴더 내에 있는 Fallston.jpg 파일의 경로를 그대로 나타내준다.(이미지 폴더 및 이미지 파일 대소문자 정확해야 오류가 생기지 않는다)

alt속성은 이미지가 보이지 않을 경우에 대체되어 보이는 텍스트이다. 이미지를 대체할 텍스트가 없다면 ' alt=" " '와 같이 넣어주면 된다. 아니면 이 부분을 삭제하고 〈img src="../Images/Fallston.jpg"/〉만 넣어도 된다.

그림 7-5. 본문에 이미지 배치 후 미리보기 2

```html
<img src="../Images/ny.jpg"/>
<br/>
<br/>
<div class="w50">
<img src="../Images/ny.jpg"/>
</div>
```

html

```css
.w50{width:50%}
img{max-width:100%} ❶
```

css

시길로 전자책 만들기

❶ CSS 속성 중 max-width값이 설정된 게 보인다. 동일한 크기의 이미지라도 속성으로 이미지를 조정할 수 있다.

이미지 파일을 넣을 때는 img태그를 사용한다. ePub에서는 이미지 크기를 다양한 화면 크게 알맞게 맞춰 보여주기 위해 CSS 속성 중 max-width 속성과 width 속성을 사용하여 자동으로 크기가 바뀌도록 설정하는 경우가 많다. 이용자마다의 단말기 디스플레이에 맞춰 상대값으로 이미지의 크기를 설정해주는 것이다.

요소	img	JEPG, GIF, PNG, SVG 등의 이미지 파일을 넣는다.
속성	src	• 이미지 파일을 상대경로로 설정한다. • src 속성은 필수이다.
	alt	이미지 파일이 표시되지 않을 때의 대체 텍스트를 alt="미키생일" 등으로 입력한다.
	width	이미지 파일 너비를 width="픽셀 수치로 설정, CSS를 권장한다.
	height	이미지 파일 너비를 height="픽셀 수치로 설정, CSS를 권장한다.
용법	셀렉터 {img alt="대체 텍스트" src="이미지 파일 상대 경로" width="이미지 너비" height=: 이미지 높이"/}	

CSS 속성	max-width	최대값을 설정
속성	none	너비를 제한하지 않는다.
	수치+단위	박스 최대값을 px이나 em등의 단위로 설정한다.
	%	박스의 최대 너비를 상위 박스 너비에 대해 %로 설정한다.
용법	셀렉터 {max-width: 값;}	

2. 이미지와 텍스트 표현하기

미리보기 (807x490) Section0001.xhtml

텍스트와 어울리기

　이미지를 텍스트들에 둘러싸이는 레이아웃을 구성하려면 CSS 속성의 float 속성을 사용하며, float 속성이 더 이상 적용되지 않게 할 때에는 clear 속성을 사용합니다. float 속성은 오른쪽 또는 왼쪽 배치만 가능합니다.

　본 예제는 오른쪽에 이미지를 배치시켜 글자들과 어울리게 스타일을 설정한 것입니다.

iBooks에서의 이미지 크기

　iBooks에서는 이미지 크기를 이미지 자체에 주면 적용되지 않는 경우가 발생합니다. 이 경우, 본 예제와 같이 div로 감싼 후 div의 크기를 조정하고, 이미지의 넓이는 '100%'로 설정합니다.

이미지설정

그림 7-6.

```
<h1>이미지 삽입하기</h1>
<h2>텍스트와 어울리기</h2>

<di class="imgRightFloat"> ❶
<img src="../Images/paris.jpg"/>
<div class="txtCaption"><h4>이미지설정</h4></div>
</div>
```

html

```
p { font-size:1em;
    text-indent : 1em;
    text-align : justify;
    line-height: 1.45;  }
```

```
.imgRightFloat {
float: right; ❷
width: 45%;
margin:10px;
margin-right:0;
padding:5px;
border:dotted 1px #999;
}
```

CSS

❶ class로 설정한 것을 연결한다. 캡션과 이미지를 그룹으로 묶어 오른쪽에 배치하려면 CSS 속성 중 float과 div요소를 사용한다.
❷ 이미지 설정에 관한 값을 .imgRightFloat라는 것으로 명명한다. float는 이미지를 오른쪽 텍스트를 왼쪽에 배치하기 위해 이렇게 'right'으로 설정한다.

float은 CSS에서 정렬을 할 때 사용되는 속성이다. CSS에서 float을 'left'로 설정하면 이미지가 왼쪽, 'right'로 설정하면 이미지가 오른쪽에 배치된다.

그림 7-7.

```html
<h2>텍스트와 어울리기</h2>
<div class="imgRightFloat">
<img src="../Images/paris.jpg"/>
<div class="txtCaption">이미지설정</div>
</div>
```

```css
.imgRightFloat {
float: right;
width: 45%;
margin:10px;
margin-right:0;
padding:5px;
border: dotted 1px #999; ❶
}

.imgRightFloat img {width: 100%;}

h2 {
clear: both; ❷
font-size: 1.1em;
color: #C00;
margin-top: 1.2em;
margin-bottom: 0.4em;
}
```

CSS

❶ 이미지 밖에 있는 boder의 값을 설정한다. boder의 종류, 굵기, boder의 색 순으로 넣으
면 된다.

❷ clear: both를 넣어주면 float이 해제가 된다.

float 속성을 적용하면 그 이후에 오는 다른 요소들까지 똑같은 속성이 전달되어 둘러싼 형태가 되거나 부유된 영역 아래(under)에 들어가게 된다. float속성을 더 이상 원치 않을 때는 clear: both를 넣어주면 해제된다.

CSS 속성	float	대상이 되는 요소를 오른쪽 또는 왼쪽에 배치하고 후속 요소는 반대에 띄운다.
단위	none	기본값. float 속성이 적용되지 않는다.
	left	대상 요소를 왼쪽에 배치한다.
	right	대상 요소를 오른쪽에 배치한다.
	inherit	부모요소에 상속된다.
용법	셀렉터 {float: right;}	

CSS 속성	clear	float속성이 적용된 요소 이후에 어울림을 해제한다.
단위	none	기본값. 양쪽 모두 float 속성을 허용한다.
	both	양쪽 모두 float속성을 허용하지 않는다.
	left	왼쪽에 float 속성을 허용하지 않는다.
	right	오른쪽에 float 속성을 허용하지 않는다.
	inherit	부모요소에 상속된다.
용법	셀렉터 {clear: both;}	

· padding과 margin의 차이

Margin은 content와 화면과의 여백(외부여백)을 말하며 Padding은 content내의 내부여백을 의미한다.

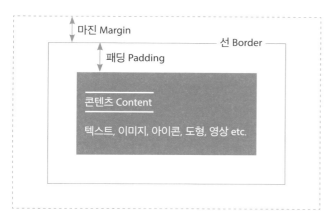

그림 7-8.

3. 여러 개 이미지 배치하기

그림 7-9.

```html
<h1>이미지 나열하기 1</h1>
<ul class="multiImages">
<li><img src="../Images/london.jpg"/></li>
<li><img src="../Images/hongkong.jpg"/></li>
</ul>
```

html

```css
body { margin:0; padding:0; }

.multiImages {
margin:0;
padding:0;
list-style-type: none; ❶
}
.multiImages li{
float:left; ❷
width:50%;} ❸


img { max-width:100%;} ❹
```

css

❶ li요소의 마커를 표시하지 않겠다는 것을 의미한다.

❷ float설정을 둬 왼쪽부터 순차적으로 이미지를 담는 것을 의미한다.

❸, ❹ 이미지 100% 기준으로 했을 때, 50%로 보이게끔 설정한 것이다.

각 이미지 사이의 간격을 주고 싶을 때는 49% 혹은 48%로 조정해주면 된다.

전자책은 종이책과 달리 이미지 사이즈를 상대값으로 생각해야 한다. 이용자의 스마트 단말기 디스플레이 사이즈가 다 다르기에 해당 뷰어의 %로 설정하는 것이다.

여러 개의 이미지 혹은 텍스트를 나열화(리스트)할 때는 ul(unorder list)요소와 함께 li(list item)요소 혹은 ol(ordered list)요소를 사용한다. ul요소는 사각형 혹은 원 등의 기호로 li요소는 숫자의 순번으로 표시된다.

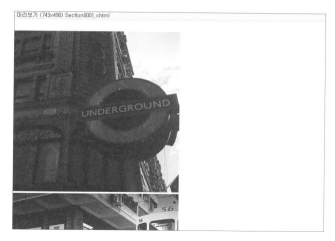

미리보기 (743x490) Section0001.xhtml

그림 7-10.

```
<h1>이미지 나열하기 1</h1>
<ul class="multiImages li">
<li><img src="../Images/london.jpg"/></li>
<li><img src="../Images/hongkong.jpg"/></li>
</ul>
```

html

```
body { margin:0; padding:0; }

.multiImages {
margin:0;
padding:0;
list-style-type:none;
width:50%;}

img { max-width:100%;}
```

CSS

해당 CSS에서는 float속성 값을 넣지 않았기에 이미지가 첫 번째처럼 왼쪽에서부터의 나열이 아닌, 아래로 순차적으로 이미지가 나열된다.

그림 7-11.

```
<h1>이미지 나열하기 1</h1>
<ul class="multiImages li">
<li><img src="../Images/london.jpg"/></li>
<li><img src="../Images/hongkong.jpg"/></li>
```

html

```css
body { margin:0; padding:0; }

.multiImages li {
float:left;
width:49%;
display:inline-block;} ❶


img { max-width:100%;}
```

CSS

> ❶ display속성 중 inline-block 속성을 사용했다.

　display속성은 어떻게 표현할지를 나타내는 속성이다. 이미지의 여백 없이 나열할 때는 float속성을 사용해도 무관하지만 display 속성을 사용하면 li요소로 줄 바꿈하여 입력했을 때 이미지 사이에 여백이 생긴다. 이와 같은 문제가 생기지 않도록 하려면 li 요소의 종료 태그와 뒤 li요소의 시작 태그를 연속으로 입력하는 방법이 있다. CSS로 여백을 조정하는 것도 어느 정도 가능하지만 뷰어에 따라 달라지기에 연속입력을 추천한다.

요소	ul	unordered list: 블릿 기호의 리스트 정의(순서와 상관없는 리스트)
용법	<ul> 리스트 항목 정의</ul>	

요소	ol	ordered list: 순서가 정해진 리스트 정의
용법	<ol> 리스트 항목 정의</ol>	

요소	li	list item: ul 또는 ol 요소 내부의 리스트 항복을 정의한다.
용법	<li> 리스트 항목 정의</li>	

ul요소는 ol요소 혹은 li요소와 함께 사용한다.

CSS 속성	list-style-type	• 리스트 항목 앞 표시할 마커의 종류를 설정한다. • 상속
단위	none	마커를 표시하지 않는다.
	disc	검은색 원 마커(ul의 기본값)를 표시
	circle	흰색 원 마커를 표시
	square	검은색 사각형 마커를 표시
	decimal	숫자 마커를 표시를 표시
	decimal-leading-zero	맨 앞에 '0'이 붙은 숫자 마커를 표시
	lower-roman	소문자로 된 로마 숫자 마커를 표시
단위	upper-roman	대문자로 된 로마 숫자 마커를 표시
	lower-alpha/lower-latin	알파벳 소문자 마커를 표시
	upper-alpha/upper-latin	알파벳 대문자 마커를 표시
용법	셀렉터 { list-style-type: 값; }	

CSS 속성	display	• 박스의 표시 방법을 설정 • 상속되지 않는다.
값	none	박스를 표시하지 않는다.
	block	블록 박스
	inline	인라인 박스
	inline-block	인라인 박스로 취급하지만 블록 박스처럼 높이와 너비의 설정이 가능하다.
용법	셀렉터 {display: 값;}	

4. 자유롭게 이미지 배치하기

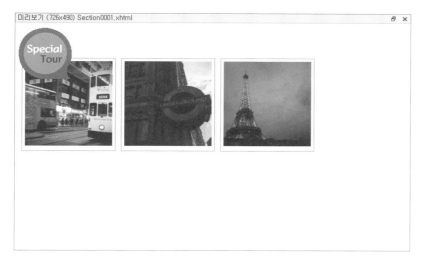

그림 7-12.

```html
<div class="tour"><img src="../Images/tour.gif" alt=""/></div>
<div class="thums">
    <div class="thum"><img src="../Images/hongkong.jpg" alt=""/></div>
    <div class="thum"><img src="../Images/london.jpg" alt=""/></div>
    <div class="thum"><img src="../images/paris.jpg" alt=""/></div>
   </div>
```

html

```css
.thums {margin-top: 30px;} ❶
.thum { ❷
width: 160px;
margin: 5px;
padding: 5px;
border: solid 1px #999;
float: left;
}
.thum img {
```

```
max-width: 100%;
margin:0;
}
.tour {
position: absolute; ❸
top:5px;
left: 1px;}
```

CSS

❶ div요소를 사용하여 상위 단계의 박스를 설정한다. 모든 이미지들을 위에서부터 30px 떨어진 위치에 배치하겠다는 뜻이다.

❷ 각각의 이미지들의 사이즈, border값, 왼쪽부터 나열을 설정할 수 있다.

❸ position속성을 'absolute'로 하면 이미지를 자유롭게 배치할 수 있다.

이미지와 div 요소 등의 박스를 자유롭게 배치하려면 CSS 속성 중 position 속성을 'absolute'로 설정한 후 위치를 조정한다. 이미지 위치를 설정할 때는 CSS 속성의 left, right, top, bottom을 사용하고 각각 위치를 설정할 수 있다. left는 표준 박스의 왼쪽 끝을 기준으로 위치를 정한다. 고정형 레이아웃으로(ePub3) 설정하지 않는한 ePub의 특성상 절대값으로 이미지를 정하면 편집의 의도와 다르게 뷰어에서는 달리 보일 가능성이 높다. 그렇기 때문에 왼쪽 상단, 왼쪽에서부터 위치를 설정하는 것이 좋다.

CSS 속성	position	• 요소에 대한 배치 방법을 설정한다. • left, right, top, bottom의 각 속성값으로 설정한다.
값	static	기본값
	relative	일반적인 배치위치를 기준으로 상대 위치값을 설정할 수 있다.
	absolute	• 상위요소 위치 기준으로 로컬 좌표가 설정된다. • static이나 설정되지 않았을 때는 body요소 기준으로 위치 설정
	fixed	• 고정된 위치 • 화면 영역을 기준으로 하는 상대적 위치 설정
용법	셀렉터 {position: 값;}	

시길로 전자책 만들기

5. 표 만들기

```html
<table border="1">

<tr>
<th></th>
<th>넷플릭스</th>
<th>웨이브</th>
<th>아마존 프라임 비디오</th>
</tr>

<tr>
<th>가격</th>
<td>베이직 9,500원<br/>스탠다드 13,500원<br/> 프리미엄 17,000원</td>
<td>베이직 7,900원<br/>스탠다드 10,900원<br/> 프리미엄 13,900원</td>
<td>7,100원</td>
</tr>

<tr>
<th>콘텐츠</th>
<td colspan="2">TV예능, 드라마, 영화</td>
<td>TV예능, 드라마, 영화, 자체 제작 서비스</td>
</tr>

<tr>
<th>출시일</th>
<td>2006. 01</td>
<td>2019. 09</td>
<td>국내 미출시</td>
</tr> </table>
```

html

요소	td	
용법	<td> 셀의 내용 </td>	기본 셀
		colspan: 가로 셀 병합
		rowspan: 세로 셀 병합

```css
table {
text-align: justify;
border: solid 2px #6c7476; ❶
border-spacing: 1px; } ❷

th, td {
border: solid 1px #ffce3d;
text-align: center;
padding: 3px;
font-size: 0.9em;}

th {
color: #FFF;
background:#746267;}
```

CSS

❶ 표와 셀의 테두리는 CSS 속성 중 border를 사용하면 된다.
❷ 셀 사이의 간격을 두고 싶을 때는 border-spacing속성을 사용하면 된다.

　　표를 만들 때에는 table요소, tr요소, th요소, td요소를 사용한다. 모든 요소는 시작과 종료 대응을 잘해야 한다. table요소는 표 전체를 의미하며, tr요소는 한 개의 행을 의미하고, th요소는 tr요소 중 제목에 해당되는 셀에 해당한다. td요소는 일반 셀을 나타날 때 사용한다.

또한 표와 셀의 테두리는 boder속성을 사용한다. 셀과 표의 바깥 테두리 분리 유무는 CSS 중 border-spacing속성을 사용한다.

요소	tr	
개요	<tr> 한 행 </tr>	표의 한 행. 셀을 나타내는 건 th요소 td요소는 tr요소 안에 배치한다.

요소	td	
용법	<td> 셀의 내용 </td>	기본 셀
		colspan: 가로 셀 병합
		rowspan: 세로 셀 병합

CSS 속성	boder-spacing	셀 사이의 간격 설정
값	separate	기본값, 셀과 셀, 셀과 표 테두리 분리하여 표시
	collapse	셀과 셀, 셀과 표 테두리 합쳐서 표시
용법	셀렉터 {display: 값;}	

6. 표 안에 이미지 담기

그림 7-13.

```html
<th><img alt="netflex" src="../Images/netflex.jpg"/></th>
<th><img alt="netflex" src="../Images/wavve.jpg"/></th>
<th><img alt="netflex" src="../Images/amazon.jpg"/></th>
```

html

해당 셀을 표현하는 th요소, td요소 안에 img 요소를 사용해서 이미지를 배치한다.

7. 이미지를 배경으로 표현하기

미리보기 (767x490) Section0001.xhtml

전자책

전자책의 종류

　전자책(e-book)이란 컴퓨터와 휴대용 단말기에서 보는 책의 개념으로 통신 및 전자 매체를 통한 콘텐츠 습득이 가능하며, 이동성·휴대성이 좋으며 수많은 책이 하나의 단말기에 적재할 수 있다는 장점이 있다. 광의의 전자책이란 디지털 형태의 읽을 수 있는 모든 디지털 포맷들(JPG, PDF, HWP 등) 모두 전자책이라고 부른다. 좀 더 세부적으로 진정한 의미의 협의의 전자책은 인터넷 표준 언어인 HTML(Hyper Markup Language)와 XHTML(Extensible Hypertext Markup Language)을 응용한 디지털화된 출판의 형태를 말한다.

그림 7-14.

```html
<h1>전자책</h1>
<h2>전자책의 종류</h2>
<p>전자책(e-book)이란 컴퓨터와 휴대용 단말기에서 보는 책의 개념으로 통신
및 전자 매체를 통한 콘텐츠 습득이 가능하며, 이동성·휴대성이 좋으며 수많은
책이 하나의 단말기에 적재할 수 있다는 장점이 있다. 광의의 전자책이란 디지
털 형태의 읽을 수 있는 모든 디지털 포맷들(JPG, PDF, HWP 등) 모두 전자책이라
고 부른다. 좀 더 세부적으로 진정한 의미의 협의의 전자책은 인터넷 표준 언
어인 HTML(Hyper Markup Language)와 XHTML(Extensible Hypertext Markup Language)
을 응용한 디지털화된 출판의 형태를 말한다. </p>
```

html

```
body {
background-image: url(../Images/epub_logo.png); ❶
background-repeat:no-repeat; ❷
background-position: 100% 0em; ❸
text-align:justify;
}
```

CSS

❶ background-image 속성으로 배경 이미지 경로를 넣어준다.
❷ 배경 이미지의 반복 유무를 설정한다.
❸ 배경 이미지의 위치를 설정한다.

CSS 속성	background-image	배경 이미지를 표시한다.
값	url(이미지 파일 경로)	이미지 파일 경로를 설정한다.
	none	기본값, 배경이미지를 표시하지 않는다.
용법	셀렉터 {background-image: 값;}	

CSS 속성	background-repeat	배경 이미지 반복 유무
값	repeat	기본값, 수평방향, 수직방향으로 반복 표시
	repeat-x	수평방향으로 반복
	repeat-y	수직방향으로 반복
	no-repeat	반복하지 않음
용법	셀렉터 {background-repeat: 값;}	

8

시길로
멀티미디어 표현하기

1. 오디오 담기

오디오 파일은 MP3 파일 (AAC, MPEG3, VBR 형식)으로 준비하는 것이 좋다. 아이폰과 안드로이드 그리고 컴퓨터에서 공통으로 사용하는 오디오 코덱 형식이 바로 AAC, MPEG3, VBR 형식이다.

오디오 품질은 콘텐츠 내용에 따라 달라질 수 있으나 전자책을 실행하는 최소사양의 기기를 고려하여 96kbps~192kbps 사이의 품질로 준비하는 것이 좋다.

(음질이 중요하지 않은 영어 듣기와 같은 서적의 경우 96kbps정도면 충분하고 음악 등을 소개하는 책이라면 192kbps 정도의 고음질을 사용하는 것이 좋다.)

1) Sigil에 오디오 파일 추가하기

그림 8-1. 오디오 추가하기

우선 전자책에 추가할 오디오 파일을 Sigil에 추가하는 것부터 시작하자. 위 그림과 같이 Audio 폴더를 누르고 마우스 오른쪽 버튼을 눌러 보조 메뉴를 열고 기존 파일 추가를 눌러 원하는 오디오 파일을 추가해 준다.

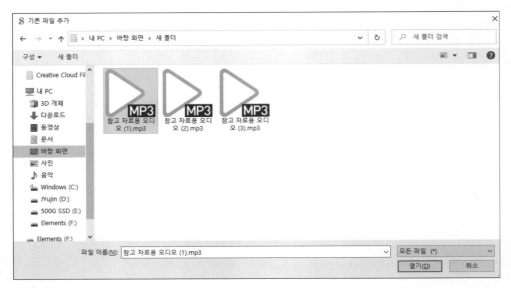

그림 8-2. 탐색기에서 추가할 오디오 선택

그러면 다음과 같이 Audio 폴더에 방금 추가한 오디오 파일이 있는 것을 확인할 수 있다.

그림 8-3.
오디오 추가 후

시길로 전자책 만들기

2) 본문에 오디오 파일 삽입하기

다음으로 본문에 오디오 파일을 추가하는 코드를 작성해 준다. 기본적으로 오디오 파일을 넣는 코드는 〈audio〉, 〈/audio〉 태그로 표현해 준다. 〈audio〉 태그를 작성할 때는 오디오를 실행시키기 위한 컨트롤러의 코드 역시 함께 작성해주는 것을 잊지 않도록 주의해야 한다.

```
<audio controls="controls">
<source src="../Audio/sample.mp3">
오디오 파일 샘플
</audio>
```

오디오 삽입 코드 예시1

```
<audio controls="controls" src="../Audio/sample.mp3">
오디오 파일 샘플 </audio>
```

오디오 삽입 코드 예시2

직접 코드를 작성하지 않고 Sigil에 내장된 파일 추가 기능을 이용해 간편하게 오디오 파일을 본문에 적용할 수도 있다.

그림 8-4.
오디오 파일 추가 기능 아이콘

Html 코드 중 오디오 파일을 넣고자 하는 위치를 누른 뒤, 파일 추가 버튼 혹은 단축키 [Ctrl + Shift + I]를 눌러 파일 삽입 창을 열고 원하는 파일을 선택하기만 하면 된다.

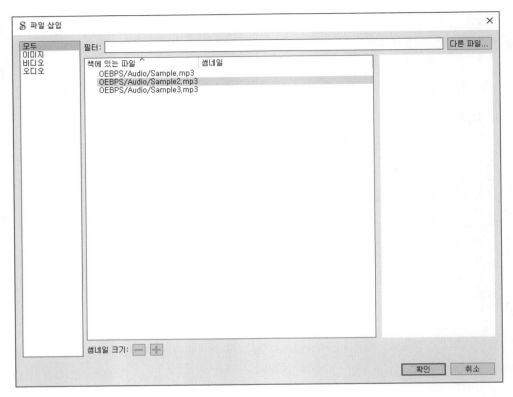

그림 8-5. 파일 삽입창 (오디오)

<p>우선 전자책에 추가할 오디오 파일을 Sigil에 추가하는 것부터 시작하겠습니다. 위 참고 자료1과 같이 Audio 폴더를 누르고 마우스 오른쪽 버튼을 눌러 보조 메뉴를 열고 기존 파일 추가를 눌러 원하는 오디오 파일을 추가해줍니다.그러면 다음과 같이 Audio 폴더에 방금 추가한 오디오 파일이 있는 것을 확인할 수 있습니다. </p>

<audio controls="controls" src="../Audio/Sample.mp3"> Sample </audio>

<p> 이후 오디오 파일을 넣고 싶은 위치에 오디오를 삽입하는 코드를 작성해주면 됩니다.</p>

그림 8-6. 파일 삽입으로 추가한 코드의 모습

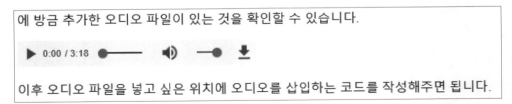

그림 8-7. 정상적으로 적용된 오디오 파일의 모습

시길로 전자책 만들기

3) 오디오 컨트롤러 커스텀하기

Sigil 내부적으로 제공되는 오디오 컨트롤러가 마음에 들지 않는 경우 오디오 재생, 정지, 볼륨조절 버튼 등을 이미지나 특정한 텍스트로 편집할 수도 있다.

먼저 오디오를 삽입한다. 앞서 배운 것과 같은 코드를 사용하지만 컨트롤러 코드(controls = "controls")는 추가하지 않는다. 이렇게 코드를 작성할 경우 화면에 컨트롤러가 나타나지 않기 때문에 오디오 파일이 삽입된 위치가 비어 있게 된다.

보이지 않는 컨트롤러를 조작하기 위해 id="sample"으로 오디오의 ID를 지정하고 나만의 커스텀 컨트롤러를 만들어주면 된다. 한 페이지에서 여러 오디오가 들어갈 경우 각각의 컨트롤러는 앞서 설정한 ID를 참고해서 각각에 맞는 오디오 파일을 재생한다.

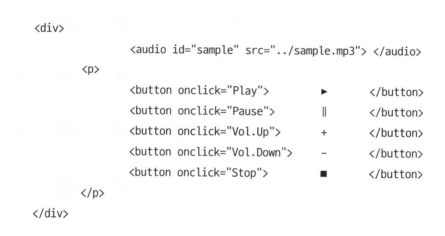

```
<div>
        <audio id="sample" src="../sample.mp3"> </audio>
    <p>
        <button onclick="Play">        ►        </button>
        <button onclick="Pause">       ‖        </button>
        <button onclick="Vol.Up">      +        </button>
        <button onclick="Vol.Down">    –        </button>
        <button onclick="Stop">        ■        </button>
    </p>
</div>
```

오디오 컨트롤러 커스텀 html 예시

그림 8-8. html 예시의 미리보기 모습

위 예시와 같이 Html 코드를 작성하면 다음과 같은 버튼 형식의 컨트롤 창을 볼 수 있다.

```
<button onclick = "function"> 버튼 or 이미지  </button>
```

'버튼 or 이미지' 부분에 원하는 플레이 버튼 혹은 텍스트를 넣거나 이미지를 삽입할 수 있다. 이미지는 버튼 태그 사이에 〈img src="url"/〉으로 삽입할 수 있다. 이미지를 이용하면 기본 플레이 버튼보다 다양한 표현이 가능하기 때문에 편집을 할 때 편집자의 의도에 따라 다양한 디자인을 적용할 수 있다.

onclick은 클릭할 수 있는 버튼으로 지정해주는 역할을 한다. function은 편집자가 설정한 버튼의 기능을 의미한다.

```
function Play { myAudio.currentTime=0;
               myAudio.play(); }

function Stop { myAudio.currentTime=0;
               myAudio.pause(); }

function Pause { myAudio.pause(); }

function Vol. Up { myAudio.volume+=0.1 }

function Vol. Down { myAudio.volume-=0.1 }
```

오디오 컨트롤러 커스텀 css 예시

위 코드에서 function Play는 오디오의 시작 시간을 0으로 설정하고 (myAudio.currentTime=0;) 오디오를 재생시켜라 (myAudio.play())라는 의미를 담고 있다. 따라서 function play로 설정된 ▶ 버튼을 누를 경우 설정된 오디오가 처음부터 재생된다.

다른 코드들의 메커니즘 역시 동일하다. function Stop의 경우 파일의 재생시간을 0으로 되돌리고 재생을 멈추게 되지만 (myAudio.currentTime=0;) 적용되어 있지 않은 function Pause의 경우에는 일시정지가 된다.

볼륨 버튼은 0.2단계씩 볼륨을 올리거나 내릴 수 있다. 여기서 볼륨은 기기의 하드웨어 볼륨이 아니다. 기기의 하드웨어 볼륨 범위 내에서 조절되기 때문에 최대 크기는 기기의 볼륨 버튼으로 설정한 크기를 넘어설 수는 없다. 볼륨은 0부터 1 사이에서 조정이 가능한데, 아래 스크립트에서는 0.2씩 5단계로 볼륨을 조절할 수 있다. 더 세밀한 볼륨 조절이 필요하다면 0.01 등으로 설정할 수도 있다.

2. 비디오 담기

오디오 파일은 MP4, AVI파일 (H.264 MPEG4 형식)으로 준비하는 것이 좋다. 아이폰과 안드로이드 그리고 컴퓨터에서 공통으로 사용하는 비디오 코덱 형식이 바로 H.264 MPEG4 형식이다.

화면 크기는 보통 720p～1080p 사용을 권장한다. 이보다 작을 경우 영상의 화질이 떨어지고, 너무 커지면 전자책 용량이 너무 크게 증가할 수 있다.

1) Sigil에 비디오 파일 추가하기

그림 8-9. 비디오 추가하기

우선 전자책에 추가할 비디오 파일을 Sigil에 추가하는 것부터 시작하자. 위 그림과 같이 Video 폴더를 누르고 마우스 오른쪽 버튼을 눌러 보조 메뉴를 열고 기존 파일 추가를 눌러 원하는 비디오 파일을 추가해 준다.

그림 8-10. 탐색기에서 추가할 영상 파일 선택

그러면 다음과 같이 Video 폴더에 방금 추가한 비디오 파일이 있는 것을 확인할 수 있다.

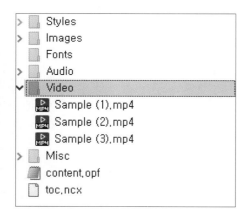

그림 8-11. 비디오 추가 후

2) 본문에 비디오 파일 삽입하기

다음으로 본문에 비디오 파일을 추가하는 코드를 작성해 준다. 기본적으로 비디오 파일을 넣는 코드는 ⟨video⟩, ⟨/video⟩ 태그로 표현해 준다.

```
<video controls="controls">
<source src="../Video/sample.mp4">
비디오 파일 샘플
</video>
```

비디오 삽입 코드 예시1

```
<video controls="controls" src="../Video/sample.mp4">
비디오 파일 샘플 </video>
```

비디오 삽입 코드 예시2

직접 코드를 작성하지 않고 Sigil에 내장된 파일추가 기능을 이용해 간편하게 비디오 파일을 본문에 적용할 수도 있다.

그림 8-12. 파일 추가 기능 아이콘

Html 코드 중 비디오 파일을 넣고자 하는 위치를 누른 뒤, 파일 추가 버튼 혹은 단축키 [Ctrl + Shift + I]를 눌러 파일 삽입 창을 열고 원하는 파일을 선택하기만 하면 된다.

그림 8-13. 파일 삽입창 (비디오)

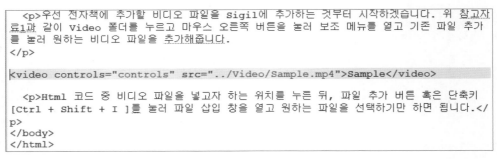

```
    <p>우선 전자책에 추가할 비디오 파일을 Sigil에 추가하는 것부터 시작하겠습니다. 위 참고자
료1과 같이 Video 폴더를 누르고 마우스 오른쪽 버튼을 눌러 보조 메뉴를 열고 기존 파일 추가
를 눌러 원하는 비디오 파일을 추가해줍니다.
</p>
```

```
<video controls="controls" src="../Video/Sample.mp4">Sample</video>
```

```
    <p>Html 코드 중 비디오 파일을 넣고자 하는 위치를 누른 뒤, 파일 추가 버튼 혹은 단축키
[Ctrl + Shift + I ]를 눌러 파일 삽입 창을 열고 원하는 파일을 선택하기만 하면 됩니다.</
p>
</body>
</html>
```

그림 8-14. 파일 삽입으로 추가한 코드의 모습

시길로 전자책 만들기

3) 비디오 크기 설정하기

비디오의 크기를 설정하려면 〈video〉 코드 사이에 Width(가로)와 Height(세로)값을 설정해주면 된다.

```
<video controls="controls" width="320" height="240"  src="../Video/Sample.
mp4">Sample</video>
```

비디오 크기 설정 예시 html

9

고정형 레이아웃

1. Fixed layout

ePub을 지원하는 단말기는 컴퓨터부터 태블릿PC, 스마트폰에 이르기까지 매우 다양하다. 고정 레이아웃 코드를 사용한다면 이런 다양한 크기의 화면에서도 동일한 디자

그림 9-1.
미리보기〈멀티미디어 전자책, 몸도 쑥쑥
마음도 쑥쑥 신나는 중국어 동요. 책공장〉

인의 사용자 경험을 제공할 수 있도록 도와준다. 특히 멀티미디어 요소(동영상, 애니메이션, 음성 등)가 들어가는 아동용·어학용 콘텐츠일수록 이용자가 직접 참여하는 참여문화를 통해 학습효과를 극대화할 수 있다. 고정형 레이아웃(Fixed layout)인 경우는 ePub3 포맷에서만 가능하다.

1) ePub3 파일에서 content.opf 파일에서 고정 레이아웃을 선언해 준다. (볼드 글씨의 코드를 추가)

```
<metadata xmlns:dc="http://purl.org/dc/elements/1.1/" xmlns:opf="http://www.idpf.org/2007/opf">
<dc:identifier id="BookId">urn:uuid:21d050a8-9c85-4d61-b84a-4161b721d5f6</dc:identifier>
    <meta content="0.9.2" name="Sigil version" />
    <meta property="rendition:layout">pre-paginated</meta>
    <meta property="rendition:spread">none</meta>
    <meta property="rendition:orientation">portrait</meta>
    <meta property="dcterms:modified">2022-01-13T12:00:00Z</meta>
    <dc:title>책 제목</dc:title>
    <dc:language>ko</dc:language>
</metadata>
```

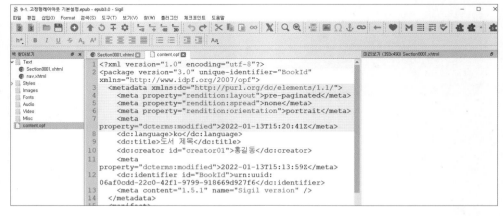

그림 9-2. 파일 적용 모습1

2) 고정 레이아웃을 적용할 html 파일에서 사이즈를 설정한다.

```html
<head>
  <title></title>
  <link href="../Styles/style.css" rel="stylesheet" type="text/css"/>
    <meta name="viewport" content="width=1080, height=1920"/>
</head>
```

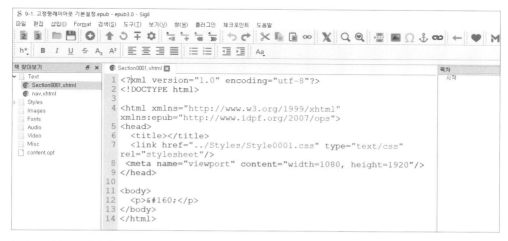

그림 9-3. 파일 적용 모습2

3) css 파일에서도 html과 같은 사이즈를 설정한다.

```css
body {
position: absolute;
margin: 0;
padding: 0;
width: 1080px;
height: 1920px; }
```

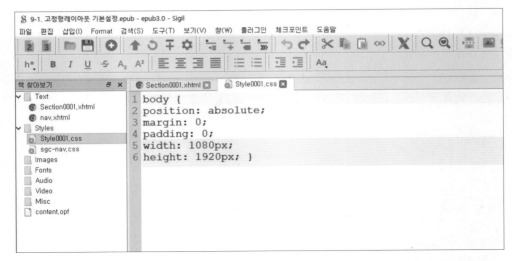

그림 9-4. 파일 적용 모습 3

4) content.opf 파일에서 opf:role을 id="creator01"로 수정한다. (없으면 추가한다.)

```
<dc:creator opf:role="aut">홍길동</dc:creator>
```

```
<dc:creator id="creator01">작가 이름</dc:creator>
```

*<dc:title>책 제목</dc:title> 아래에 추가해주면 된다

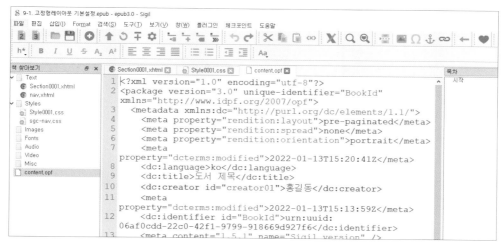

그림 9-5. 파일 적용 모습 4

5) content.opf 파일에 nav 코드가 있는지 확인한다.

```
<item id="nav.xhtml" href="Text/nav.xhtml" media-type="application/
xhtml+xml" properties="nav"/>
```

6) 목차(nav) html에 해당 코드가 있는지 확인한다. (없으면 추가한다.)

```
<body epub:type="frontmatter">
  <nav epub:type="toc" id="toc">
```

7) toc.ncx 파일에서 해당 코드를 삭제한다.

```
<!DOCTYPE ncx PUBLIC "-//NISO//DTD ncx 2005-1//EN"
 "http://www.daisy.org/z3986/2005/ncx-2005-1.dtd">
```

8) 을   로 바꿔준다.

2. 스크롤 코드

지정한 가로, 세로 사이즈로 작업을 하다 보면 텍스트가 지정한 사이즈보다 많아 넘쳐 흐를 경우가 있다. 이럴 경우, 해당 텍스트 부분을 스크롤 처리를 해주면 사용하는 사용자도 지루하지 않게 이용할 수 있다.

```
<div class="scroll">
<p1><label class="btn" for="open-pop">两<sup>1)</sup></label><label
class="btn" for="open-pop2">只<sup>2)</sup></label><label class="btn"
for="open-pop3">老虎<sup>3)</sup></label> 两只老虎</p1>
<br/>
<p2>호랑이 두 마리 호랑이 두 마리</p2>
<br/><br/><br/>
<p1><label class="btn" for="open-pop4">跑<sup>4)</sup></label><label
class="btn" for="open-pop5">得<sup>5)</sup></label><label class="btn"
for="open-pop6">快<sup>6)</sup></label> 跑得快</p1>
<br/>
<p2>빨리 달리네요 빨리 달리네요</p2>
</div>
```

html 코드

스크롤로 지정하고 싶은 영역에 〈div class="scroll"〉〈/div〉 코드를 사용한다. 하나의 영역을 스크롤로 이용해 볼 수 있도록 하였기에 div 코드를 이용한다.

시길로 전자책 만들기

```css
.scroll {
    overflow-y:scroll; ❶
    overflow-x:hidden; ❷
    -webkit-overflow-scrolling: touch;
    overflow-scrolling: touch;
    padding : 2em 3em 3em 3em; ❸
    border: 2px solid #F7C7C6; ❹
    margin: 2em ; ❺
    width: max-100%; ❻
    height: 300px; ❼ }
```

CSS

❶ 스크롤 위치 Y좌표 / X좌표
❷ 스크롤 위치 Y좌표 / X좌표
❸ 스크롤 박스 내부 여백
❹ 스크롤 박스 바깥 선
❺ 스크롤 박스 외부 여백
❻ 스크롤 박스 폭
❼ //스크롤 박스 넓이// }

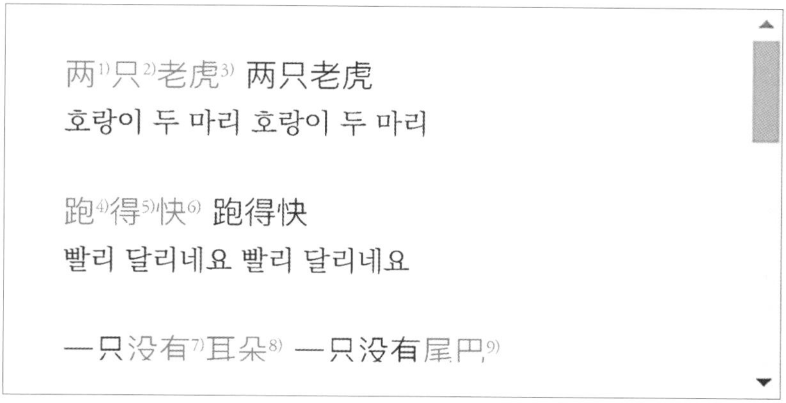

两[1]只[2]老虎[3] 两只老虎
호랑이 두 마리 호랑이 두 마리

跑[4]得[5]快[6] 跑得快
빨리 달리네요 빨리 달리네요

一只没有[7]耳朵[8] 一只没有尾巴[9]

그림 9-6.
파일 적용 모습 5

3. 팝업 코드

팝업 코드 경우, 참여자의 재미와 학습의 참여도를 높일 수 있기 때문에 아동·어학 콘텐츠에 많이 사용된다.

```
<p1><label class="btn" for="open-pop">两<sup>1)</sup></label><label class="btn" for="open-pop2">只<sup>2)</sup></label><label class="btn" for="open-pop3">老虎<sup>3)</sup></label> 两只老虎</p1>
<br/>
<p2>호랑이 두 마리 호랑이 두 마리</p2>
<br/><br/><br/>
<p1><label class="btn" for="open-pop4">跑<sup>4)</sup></label><label class="btn" for="open-pop5">得<sup>5)</sup></label><label class="btn" for="open-pop6">快<sup>6)</sup></label> 跑得快</p1>
<br/>
<p2>빨리 달리네요 빨리 달리네요</p2>
<br/><br/><br/>
</div>
.
.
.
<input class="modal-state" id="open-pop" type="checkbox"/>
<div class="modal">
<label class="modal_bg" for="open-pop"></label>
<div class="modal_inner">
<label class="modal_close" for="open-pop"></label>
<div class="word_box"> <br/> <br/>
```

팝업 내용 본문
```
<p><button onclick="playSegment(2,3)"><img alt="〈 호랑이 두마리 〉 단어 음성 버튼 이미지입니다." src="../Images/spk.png"/></button></p>
<p>1) <span style="font-family:'중국어폰트;color : #d9793a">两</span> liǎng
```

```
<audio id="sample1" alt="〈 호랑이 두마리 〉 단어 음성이 구현되고 있습니다."
src="../Audio/word1_1.mp3">〈 호랑이 두마리 〉 단어 음성이 구현되고 있습니
다.</audio>
 <span style="color : #d9793a">둘</span></p>
</div>
</div>
```

    팝업을 설정할 단어를 〈label class="btn" for="open-pop"〉〈/label〉 코드를 통해 설정한다. 그리고 본문 아래에 두 번째 문단 코드를 적어 준다. 팝업을 설정할 단어가 많다면 글씨의 open-pop 단어 옆에 open-pop2, open-pop3, open-pop4와 같이 숫자를 붙여준다. 〈sup〉1)〈/sup〉는 주석 번호의 코드이다.

```
body {
margin:0;
padding:0;
width:1080px; ❶
height:1920px; ❷
}

.btn { text-decoration : none;
          color:grey; ❸ }
.btn:hover .btn:focus { background-color: red; ❹
                     color:black; ❺
}

.modal_inner p { ❻
  font-family: '바탕체L';
  font-size:1.8em;
 line-height:1.6; }
.modal_inner h1 { ❼
```

```
    font-family: '바탕체L';
    font-size:2.5em;
}

.modal{
    width:100%;  ⑧
    height:100%;  ⑨
    opacity:0;  ⑩
    visibility:hidden;
    position:absolute;
    top:0;
    right:0;
    bottom:0;
    left:0;
    text-align:left;
    background: rgba(255,255,255,.90);  ⑪
    transition:opacity .25s ease;  ⑫
}

.modal_bg{
    position:absolute;
    top:0;
    right:0;
    bottom:0;
    left:0;
    cursor:pointer;
}

.modal-state{
    display:none;
}

.modal-state:checked + .modal{
```

```css
        opacity:1;
        visibility:visible;
    }


    .modal-state:checked + .modal .model__inner{
        top:0;
    }
    .modal_inner{ ⓭
        transition:top .25s ease;
        position:absolute;
        top:700px;
right:0;
        bottom:0;
        left:0;
        width:600px;
        margin:0 auto;
        overflow:hidden;
        background-repeat:no-repeat;
        background-size:100%;
        height:200px;
        vertical-align : middle;
        text-align:center;
    }


    .modal_close{
        position:absolute;
        cursor:pointer;
    }


    .modal_close:after,
    .modal_close:before{
        content:'';
        position:absolute;
```

```css
        width:100%;
        height:100%;
        background:#ffffff;
        display:block;
        transform:rotate(45deg);
        left:50%;
        margin:-3px 0 0 -1px;
        top:0;
}

.modal_close:hover:after,
.modal_close:hover:before{
        background:#2727;
}

.modal_close:before{
        transform:rotate(-45deg);
}

@media screen and (max-width:100%){
        .modal_inner{
        width:1080px; ⓮
        height:1920px; ⓯
        box-sizing:border-box;
        } }
```

CSS

① width:1080px; 고정 레이아웃 사이즈와 같은 사이즈로 설정
② height:1920px; 고정 레이아웃 사이즈와 같은 사이즈로 설정
③ 팝업창 누르기 전 글씨 색
④ 마우스를 올렸을 때 배경
⑤ 마우스를 올렸을 때 글씨 색
⑥ .modal_inner p 팝업 내부 폰트 관련 설정
⑦ 팝업 내부 폰트 관련 설정
⑧ 팝업 내부 백그라운드 폭
⑨ 팝업 내부 백그라운드 높이
⑩ 투명도
⑪ 팝업 내부 배경 색
⑫ 팝업이 뜰 때 천천히 뜨는 효과
⑬ 팝업창 내부 본문 꾸미기
⑭ 고정 레이아웃 사이즈와 같은 사이즈로 설정
⑮ 고정 레이아웃 사이즈와 같은 사이즈로 설정

两1)只2)老虎3) 两只老虎
호랑이 두 마리 호랑이 두 마리

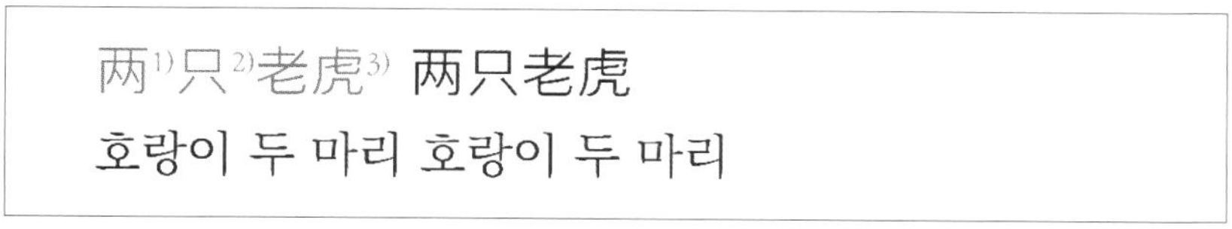

그림 9-7. 팝업 전

그림 9-8. 팝업 후

10

표지 설정하기

1. 메타데이터 편집하기

메타데이터는 책에 대한 자세한 정보를 담고 있으며 독자들에게 제목, 저자, 출판일, 수정일 등의 정보를 전달하는 역할을 한다. Sigil로 전자책을 만들 때 역시 메타데이터를 작성해야 하며 Sigil에 내장된 메타데이터 편집기를 활용하면 손쉽게 메타데이터를 편집할 수 있다.

1) 메타데이터 편집기 활용하기

그림 10-1, 2. 메타데이터 편집기 아이콘, 메타데이터 실행 방법

메타데이터 편집기는 [도구 ▶ 메타데이터 편집기]를 눌러 실행하거나 도구 상자의 메타데이터 편집기 아이콘, F8 (단축키) 등을 눌러 실행할 수 있다.

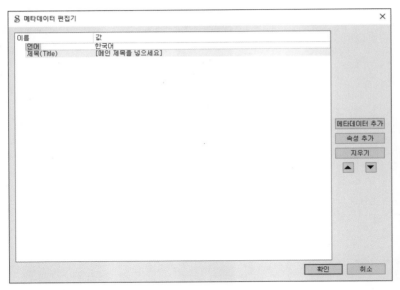

그림 10-3.
메타데이터 편집기

그러면 다음과 메타데이터 편집기가 실행된 모습을 볼 수 있다. 적용되어 있는 메타데이터를 수정하려면 바꾸고자 하는 요소의 '값 열'을 마우스 왼쪽 버튼으로 두 번 눌러 수정을 활성화하면 된다.

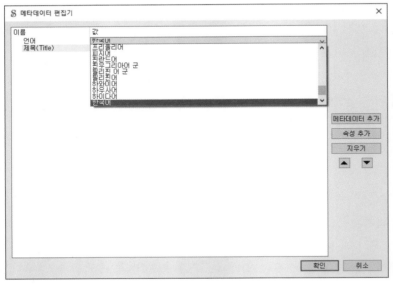

그림 10-4.
메타데이터의 수정

시길로 전자책 만들기

만약 원하는 메타데이터가 편집기에 없는 경우 오른쪽의 메타데이터 추가 버튼을
사용하면 원하는 정보를 메타데이터에 추가할 수 있다.

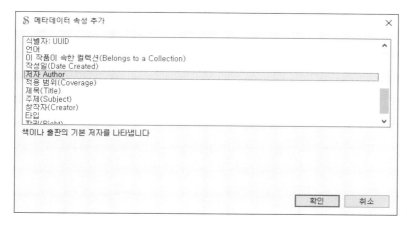

그림 10-5.
메타데이터 추가

그러면 다음과 같이 방금 추가한 요소가 메타데이터 창에 추가된 것을 확인할 수
있다.

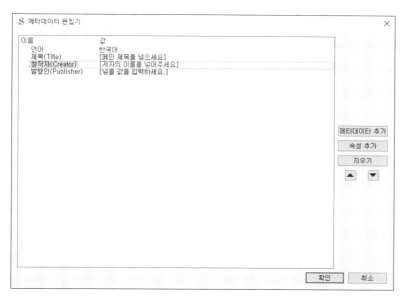

그림 10-6.
추가된 메타데이터의
모습

속성추가 버튼은 메타데이터 값에 구체적인 역할 등을 입력해주는 것으로 창작자(Creator) 필드를 누른 채로 속성 추가 버튼을 누르면 아래 그림 7과 같이 다양한 속성이 제시되고 그중 원하는 속성을 골라 추가할 수 있다.

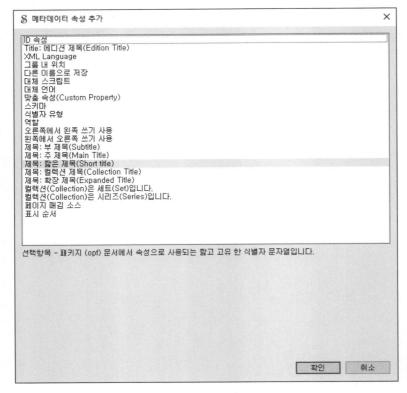

그림 10-7.
메타데이터 속성 추가

원하는 메타데이터를 모두 추가한 이후에는 메타데이터 편집기의 확인 버튼을 눌러 변경한 메타데이터 설정을 저장하는 것을 잊지 않도록 주의해야 한다.

2) 중요한 메타데이터 요소

다음으로 소개할 내용은 ePub을 제작할 때 필수적으로 입력해야 하는 메타데이터에 대한 설명이다. 전자책을 정식으로 출판하기 위해서는 메타데이터를 작성해야 하며 그중에서도 언어, 저자, 제목, 발행인의 정보는 반드시 포함하여야 한다.

시길로 전자책 만들기

언어 [Language] : ePub을 작성할 때 사용한 언어
제목 [Title] : 전자책의 제목
저자 [Author] : 책의 저자
발행인 [Publisher] : 출판사 정보

필수 메타데이터 요소

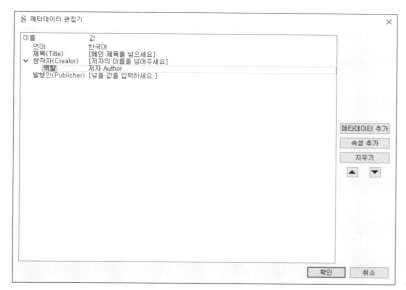

그림 10-8.
필수 요소를 메타데이
터 편집기에 적용한
모습

　　메타데이터에는 이외에도 아주 많은 항목이 있다. ePub에는 제목, 저자, 언어만이
필수이지만, 더 많은 정보를 입력하고 싶다면 메타데이터 추가, 속성 추가 버튼을 통해
자유롭게 추가할 수 있다.

2. 표지 설정하기

표지는 책을 접하는 독자들이 가장 먼저 보게 되는 화면이며 책의 얼굴과 같은 역할을
한다. 그렇기에 적절한 표지를 적용하는 것은 전자책 출판에 있어서 매우 중요한 요소
라고 할 수 있다. 이번 장에서는 Sigil의 표지 추가 기능을 활용하여 다양하고 개성있는
표지를 적용하는 방법을 알아 보자.

1) 이미지 표지 만들기

그림 10-9. 표지 추가 기능 실행

표지 추가 기능은 [도구 ▶ 표지 추가]를 눌러 실행할 수 있다.

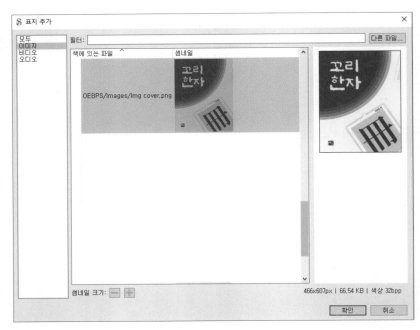

그림 10-10.
이미지 표지 추가

표지로 넣고자 하는 Sigil에 불러온 뒤 선택하는 것만으로도 표지를 추가할 수 있다. 표지 추가 기능을 이용하면 이미지가 자동적으로 뷰어에 맞춰 표지를 가운데 정렬되며 화면에 꽉 차도록 크기가 자동 조정된다.

2) Gif로 움직이는 표지 만들기

만약 이미지로만 되어있는 표지가 마음에 들지 않는다면 움직이는 표지를 만들 수도 있다. 가장 단순한 방법은 GIF 파일을 활용하는 방법이다. gif 파일은 그림 파일 형식의 하나로 여러 장의 이미지를 하나의 파일에 담아 Animated GIF를 만들 수도 있다. 이를 활용하면 움직이는 표지를 만들 수 있다.

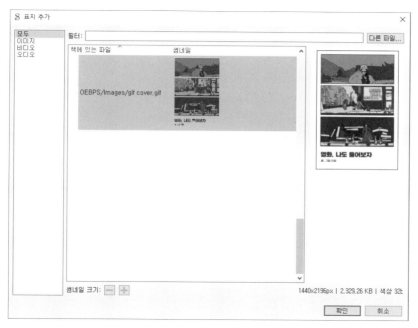

그림 10-11.
GIF 표지 추가

3) 애니메이션 효과로 움직이는 표지 만들기

gif 파일을 활용하지 않고 Sigil 코드의 애니메이션 효과를 이용해서 움직이는 표지를 만들 수도 있다. 이때 사용하는 코드는 대표적으로 [id 코드]와 [div 코드]가 있다.

• id 코드와 div 코드의 차이점

id 코드는 한 페이지에 하나의 정의(style/css)로 하나의 태그(id="")만 사용할 수 있다. 즉, 로고, 상단메뉴, 하단정보 같은 스타일을 지정할 때 id 코드를 사용한다. HTML문서 내에서 동일한 id값은 중복 사용 못 할 수 없고 다른 id값을 주어 구분한다. (코드 하나에만 적용, #~ 형태로 작성)

div 코드는 태그는 Division의 약자로, 레이아웃을 나누는 데 주로 쓰인다. 다른 태그와 다르게 특별한 기능을 갖고 있지는 않고, 가상의 레이아웃을 설계하는 데 쓰이며, 주로 CSS와 연동하여 쓰인다. div로 레이아웃 범위를 설계한 뒤 CSS에 원하는 기능을 입력해주면 된다. (div로 정한 레이아웃 범위만큼 적용)

```
<body>

<img id="alp" src="../Images/A.png" alt=""/>
<img id="alp2" src="../Images/B.png" alt=""/>
<img id="alp3" src="../Images/C.png" alt=""/>
<img id="alp4" src="../Images/D.png" alt=""/>
<img id="alp5" src="../Images/E.png" alt=""/>
<img id="alp6" src="../Images/F.png" alt=""/>
<img id="alp7" src="../Images/G.png" alt=""/>
<img id="alp8" src="../Images/H.png" alt=""/>
<img src="../Images/in-cover.png" alt="Mom편한 엄마표 생활 영어"/>

<div class="ani_mom">
<img alt="Mom편한 엄마표 생활 영어" src="../Images/mom.png"/>
</div>


</body>
```

애니메이션 표지 예시 html

4) 각 코드별 CSS 설정하기

id 코드와 div 코드의 개념에 대해 이해했으면 다음은 CSS로 애니메이션 효과를 주는 법을 배워 보자. 아래의 코드 예시는 id 코드를 활용하여 만든 1초 간격으로 커졌다 작아졌다 반복하는 형식의 애니메이션 코드이다.

```
#alp {  position:absolute;
                top:255px; left:72px; width:80px; height:80px;
                -webkit-animation: alp 1s infinite;        }

        @-webkit-keyframes alp
        {        0% {top:255px; left:72px; width:80px; height:80px;}
                20% {top:260px; left:77px; width:70px; height:70px; }
                70% {top:255px; left:72px; width:80px; height:80px;}
        }
```

Id 코드 css 예시

---

❶ position: 위치 지정 [top, left, width, height]
❷ -webkit-animation: 해당 애니메이션의 지속시간 설정 (infinite = 반복)
❸ @-webkit-keyframes ~: 해당 애니메이션의 키 프레임별 동작 설정

연습용으로 제시된 코드로 직접 애니메이션을 만들어 보고 수치를 조정하여 본인에게 필요한 애니메이션을 만들어 보자.

다음은 div 코드의 애니메이션 css 설정이다. 기본적인 설정은 id 코드와 비슷하지만 애니메이션 이름을 추가로 지정해주어야 한다는 차이점이 있다. 그 외에는 애니메이션 지속시간 설정, 키 프레임별 동작 설정 등 id 코드 css와 동일하게 작성하면 된다.

```
.ani_mom { width : 150px;   height : 184px;
              display: table;   position: absolute;
                left: 230px;   top: 140px; z-index: 1;

     -webkit-animation-name: chap_title_ani;
     -webkit-animation-duration: 2s;

     animation-name: chap_title_ani;
     animation-duration: 2s;
}

@-webkit-keyframes chap_title_ani {
     0%    {left: 0%; top: 140px;}
    100% { left: 230px; top: 140px; }
}
```

Id 코드 css 예시

❶ position: 위치 지정 [top, left, width, height]
❷ -webkit-animation-name: 애니메이션 이름 지정
❸ -webkit-animation: 해당 애니메이션의 지속시간 설정 (infinite = 반복)
❹ @-webkit-keyframes ~: 해당 애니메이션의 키 프레임별 동작 설정